CONTENTS

117 West Side -西エリア-

144 Map -マップ-

DATAの見かた

住 **住所** 電 **電話番号**  **定休日** 営 **営業時間**

 **料金** C **クレジットカード使用(可・不可)**

Instagram ID

※本書のデータは2023年1月現在のものです。その後、各紹介スポットの都合により変更される場合がありますので、予めご了承ください。
※掲載されている商品やメニューは本書発売期間中に売り切れる場合がありますので、[illegible]
※定休日は元日、旧正月（ソルラル）休み、秋夕（チュソク）休みを除いたものです。
※料金の年齢区分は、韓国では「数え年」の場合があります。支払い時にご確認ください。

旅行中分からないことがあったら…

済州観光公社が運営する観光情報サポートが便利です。交通・宿泊・観光スポットなどの知りたい情報を日本語で質問できます。

●日本語チャットサポート
http://visitjeju.net/u/1MH

●電話でのお問い合わせ
+82-064-740-6000

基本情報

時差

日本と韓国の時差はないので予定が立てやすい。サマータイムもない。

----- time difference -----

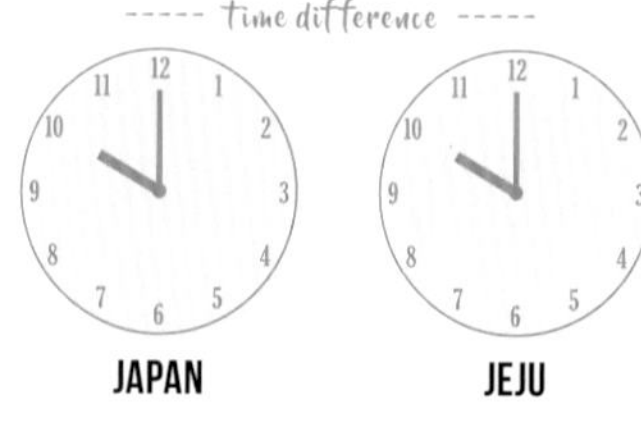

JAPAN　JEJU

--- Korean Map ---

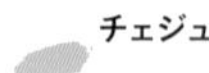

日本からチェジュ島へ

●飛行機／新型コロナの影響で直行便はすべて運休していたが、関西国際空港からの直行便が再開（2023年1月現在）。片道約2時間。韓国内の各都市とチェジュを結ぶ国内線の本数は非常に多く、ソウルからだと片道約1時間。航空券代は安いものだと片道3000円程度。ソウルやプサンと組み合わせて旅行するのもいい。

●フェリー／福岡→プサン→チェジュのルートがあるが15時間以上かかる（福岡～プサン約3時間半、プサン～チェジュ約12時間）。

地理

韓国の最南端に位置し、正式名称は済州特別自治道。約200万年前の海底火山の噴火爆発によってできた、楕円形の火山島。島の北側は国際空港がある済州（チェジュ）市、南側はリゾートホテルが点在する西帰浦（ソギポ）市。島の多くは玄武岩や溶岩でできており、韓国のほかの地域とは大きく異なる。島の中心には韓国の最高峰・漢拏（ハルラ）山がある。

ビザ

日本国籍のパスポート所持者が90日以内の短期滞在目的で韓国に入国する場合はビザの取得は不要だが、2021年から電子渡航認証システム「K-ETA」の取得が義務化されている。飛行機搭乗72時間前までにネットで申請し（http://www.k-eta.go.kr）、認証が必要。K-ETAを取得していないと韓国行きの飛行機に搭乗できないので注意。

コロナ禍の注意点

日本を発つ飛行機に乗る前に、ネットで検疫情報事前入力システム「Q-CODE」に健康状態などを登録しておくと韓国入国時の検疫手続きがスムーズ（http://cov19ent.kdca.go.kr）。陰性証明書の提出や入国後のPCR検査は不要。

Madoka's Advice

本書で紹介しているのは2023年1月現在の情報。新型コロナの感染状況によって入国ルールは変わるので、渡航前は最新の情報をチェックして。

気候

ソウルより温暖で、緯度は日本の佐賀県とほぼ同じ。春(4〜6月)は暖かく過ごしやすいが、朝晩の冷えに注意。夏(7〜8月)は気温が上がり猛暑の日も。秋(9〜11月)は晴天の日が多い。冬(12〜3月)は気温が下がるが、降雪や氷点下を記録することは珍しい。

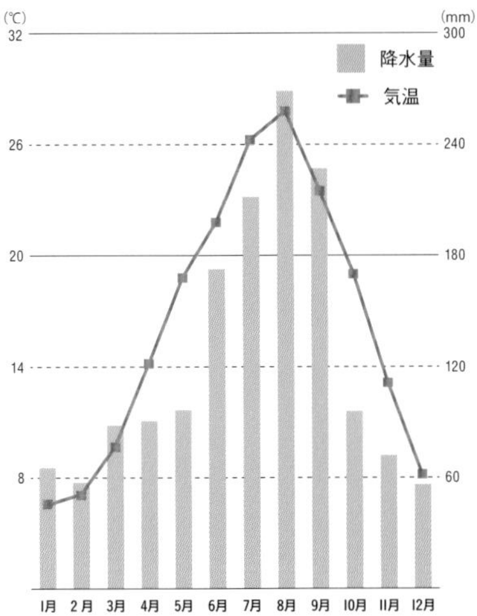

チェジュの平均気温と降水量

月	1月	2月	3月	4月	5月	6月	7月	8月	9月	10月	11月	12月
平均気温(℃)	6.1	6.8	9.8	14.2	18.3	21.7	26.2	27.2	23.4	18.6	13.3	8.3
平均降水量(mm)	64.8	57.0	87.6	89.9	95.7	171.3	210.3	267.0	225.5	95.0	71.4	55.7

ベストシーズン

一年中楽しめるが、7月は梅雨で天気が安定せず、8月は韓国の夏休みシーズンでどこも混雑する。梅雨と夏休みを避けた5〜6月または9月が特におすすめ。9〜10月は台風の影響を受けることもあるので注意。

Madoka's Advice

海の色が圧倒的にきれいなのは夏。秋は紅葉シーズンです。同じ日でも、済州市と西帰浦市では天気がまったく異なることも。天気が悪いパターンも考えて旅行プランを立てると◎。

言語

共通言語は韓国語。チェジュには韓国の標準語とは異なる独特の方言があるが、多くの人が標準語を話す。若い世代には簡単な英語が通じることが多い。日本語はほぼ通じないが、免税店や大型ホテルなどでは日本語に対応していることも。看板や案内に日本語が書かれている場合もある。

祝日・連休

旧正月(ソルラル)と旧盆の秋夕(チュソク)は韓国の重要な年中行事。連休となり多くの人が帰省するため、国内の交通機関が混雑する。日付は旧暦を適用し、毎年変わる。

- 旧正月(ソルラル):旧暦1月1日。旧正月がお正月本番の韓国では、日本と異なり年末年始は1月1日のみ祝日。
- 秋夕(チュソク):旧暦8月15日。2023年の秋夕連休は9月28日(木)〜10月1日(日)。

Madoka's Advice

旧正月や秋夕の連休中は多くの施設や店舗が休みになります。連休は営業して、代わりに前後で休みをとるという店もあるので、この日程の周辺は休業日を確認した方がベター。

旅の便利帳

通貨

現地通貨は韓国ウォン（₩）。紙幣は₩5万、₩1万、₩5000、₩1000の4種類。硬貨は₩500、₩100、₩50、₩10の4種類。レートは₩100＝約10.52円（2023年1月現在）。

Madoka's Advice
韓国ウォンを日本円にざっくり換算したいときは0を1個とると分かりやすい。₩1000なら約100円。為替変動で異なるので参考程度に。

両替

ソウルほど街なかに両替できる場所がないので、日本か現地の空港で換金しておくのがベター。国際キャッシュカードがあれば、銀行やコンビニのATMで、自分の口座からウォンで引き出せる。韓国は世界有数のキャッシュレス大国。最近は小さな商店や市場の店（一部）でもクレジットカードがほぼ使えるので、現金は必要最低限にしてクレジットカード払いにするのがお得＆便利。

Madoka's Advice
たまにあるのが韓国発行のクレジットカード以外NGの店や、市場などで現金オンリーの店。2泊3日の旅行なら、もしものときのために現金を2万円分ぐらい両替しておくと安心です。済州市内で両替するなら見つけやすいのは銀行。パスポート必須で、30分～1時間待つことが多いです。ホテルのフロントでも両替できますがレートがよくありません。

チップ

韓国ではチップ文化はない。高級ホテルなどでは、あらかじめサービス料として含まれていることが多い。

免税制度

韓国で買い物をすると物品やサービスに10％の付加価値税が含まれる。「TAX FREE」と表示がある店で1店舗につき₩3万以上（店によって異なる場合もあり）購入した場合、手続きをすれば手数料を引いた額が払い戻される。「TAX FREE」加盟店のスーパーマーケットなどでは即時還付制度が導入されていることも。購入時はパスポートが必要で、出国時に商品が未使用であることが条件。

Madoka's Advice
チェジュ国際空港の国際線ターミナルは、免税店の規模が小さく、飲食店はテイクアウトのカフェのみ。買い物や食事は街なかですませておくのがおすすめです。国内線ターミナルの方が、免税店や飲食店が充実しています。

電圧とプラグ

コンセントは丸い穴が2つ空いた形状の「SEタイプ」か「Cタイプ」なので変換アダプターが必須。韓国の標準電圧は220V、60Hz。近年のスマートフォンやパソコン、デジカメは220V対応のものも多く、変圧器は必要がない場合も。

水

韓国の水道水は飲料水として認められているが、ミネラルウオーターや浄水器の水を飲む人が多い。歯磨きやうがいで使用するには問題ない。

☑インターネット

インターネット大国ともいわれる韓国。チェジュでも政府が提供する無料Wi-Fiスポット「Public WiFi Free」が街のあちこちに設置されていて、インターネット環境は充実している。接続時は「Jeju Free WiFi」を選択し、利用者の情報を登録。これにより観光名所などはもちろん、バス停や移動中のバスの中、ビーチ周辺でもインターネットに接続が可能。また、飲食店でも無料Wi-Fiのサービスがあるところが多く、特にカフェはほぼ完備。ホテルも無料Wi-Fiサービスを提供している。

- レンタルする場合／韓国の主要国際空港には現地通信会社のカウンターがあり、携帯電話やWi-Fiルーターのレンタルが可能。ただしチェジュ国際空港では手続きが韓国語なうえに時間もかかるので、日本からレンタルしていくのがおすすめ。

- SIMカードを購入する場合／韓国の通信会社に対応したSIMカードを自分のスマホに挿入する方法。韓国の携帯番号が付与され、ローミング料金より安く利用できる。人気が高いのは、購入した期間やデータ量の限度の範囲内で利用するプリペイド式。SIMカードは空港内のコンビニのほか、前もって日本でオンライン購入していく方法も。最近は物理的なSIMカードの購入・抜き差しが不要なeSIMも普及。

Madoka's Advice
便利な「Public WiFi Free」ですが、回線がちょっと不安定なときも。旅行中にスマホをフル活用したければWi-FiルーターやSIMの利用がおすすめです。行列ができる飲食店では、順番待ちのときに韓国の携帯番号の入力が必要なこともあります。

☑トイレ事情

空港やデパート、観光施設や高級ホテルなどのトイレは日本と同様、紙を流せることがほとんど。街なかの古い建物では、使用した紙を流せないトイレもあり、つい流してしまうと詰まる原因に。紙を流せないトイレには、便器の横にごみ箱が用意されているので、そこに紙を捨てるようにしよう。

Madoka's Advice
韓国のコンビニではトイレは利用できません。そもそも「コンビニでトイレを借りる」という考え方がないのでご注意を。飲食店利用時にトイレをすませておくのがおすすめです。ごくたまにトイレットペーパーがないトイレがあるので、ティッシュを持参すると安心。

☑酒・たばこ

韓国で飲酒・喫煙可能な年齢は満19歳になる年の1月1日から。2015年からは韓国のすべての飲食店で全面禁煙となり、違反者には罰金が課せられる。室内外に設置されている喫煙所を利用しよう。

困ったときは…

- 観光通訳案内電話1330:計9言語で答えてくれるサービス。24時間利用可。日本語は「3」を選択。
- 警察:112
- 消防・救急:119
- 在大韓民国日本国大使館:02-739-7400(領事部)
- 在済州総領事館:064-710-9500

交通事情 traffic

☑ 空港から市街地へのアクセス

空港から済州市街地まで車で約10〜20分。タクシーで₩1万もかからないので、タクシー利用がおすすめ。ホテルによっては送迎バスを出している場合もあるので確認を。

Madoka's Advice
空港のタクシー乗り場は行列していることが多く、特に金曜と日曜の夜は大行列。1時間近く並ぶこともあるので余裕をもって計画して。

☑ バス

島内には電車が走っていないのでバスは唯一の公共交通機関。路線は島の隅々まで張り巡らされているが、本数が少なかったり時間がかかったりするのでタイトなスケジュールには不向き。一方、基本料金₩1150〜と安いので、ゆっくりと旅を楽しむ余裕があるときは最適。アプリを活用すれば（→P.90）韓国語ができなくても乗ることができる。また、チェジュ国際空港〜西帰浦市間はエアポートリムジンバスも運行。600番バスで高級リゾートホテルが集まる中文（チュンムン）までの所要時間は約1時間20分、料金は₩4500。

Madoka's Advice
バスに乗るなら「Tmoney」があると便利。日本のSuicaのようなプリペイドカードで、チャージして使います。韓国のタクシーやコンビニの支払いにも使えて、コンビニなどで購入&チャージが可。

☑ タクシー

日本に比べて安く、初乗り料金は₩3300。2km以降は126m（または30秒）ごとに₩100上がる。深夜料金は20％増し。済州市街地や観光地では簡単に拾えるが、田舎道ではタクシーを見つけることは難しい。レストラン利用後は店員に頼むとよい（配車料別途₩1000）。チェジュ国際空港から中文までの所要時間は約1時間、料金は₩3万5000程度。1台を1日貸し切れるチャーター車もあり、料金は会社によって異なるが4人乗りで1日（8時間）₩15万前後が目安。

Madoka's Advice
西帰浦市まで行くと₩5000ぐらい上乗せ料金を請求されることがあります。タクシーでは韓国語以外通じないことがほとんどなので、行き先の住所を見せるか翻訳機で伝えましょう。配車アプリを使うとスムーズです（→P.90）。韓国のタクシーのドアは自動ではないので、自分で開け閉めしてくださいね。

☑ レンタカー

レンタカー会社は豊富だが、万が一のトラブルに備えて大手を選ぶ方が安心。日本と反対の右側通行・左ハンドルなので、韓国の運転ルールを確認しよう。車を借りる際はパスポート、国際運転免許証、クレジットカードが必要。

Madoka's Advice
運転が荒いことでも知られているチェジュ。また、都市部は道が細くて路上駐車も多く、駐車場探しに苦労することも。遠方へ行くには便利ですが、運転に自信がある人向きの交通手段です。

文化とマナー　culture

玄武岩の石垣

島という地理的特性と自然環境によって、韓国のなかでも特色のあるチェジュの衣・食・住。火山島のため溶岩が固まってできた玄武岩が多く、昔ながらの民家や畑の周りは石を積み上げげた石垣になっている。石垣は「トルタム」、畑の石垣は「パッタム」と呼び、石垣が並んだ様子はチェジュらしい景観。石垣は強い風から守ったり、牛馬の侵入を防止したりするなどの役割がある。

3本の木「ジョンナン」

伝統的家屋の入り口には、石の柱にかかった「ジョンナン」と呼ばれる3本の木がある。これは昔のチェジュの家には門がなく、3本の棒を入り口にかけて家に人がいるかどうかを知らせる目的があったそう。1本は短時間の外出、2本は夕方まで留守、3本かかっていると終日外出しているという意味。3本とも外れていれば在宅を意味したのだとか。今でも古民家を改装した飲食店などの入り口で見られる。

守り神「トルハルバン」

地元の方言で「石のお爺さん」という意味で、チェジュの街のあちこちで見かける石像。玄武岩を削って作られており、とんがり帽子と大きな鼻、両手を腹部で合わせた姿が特徴。守護神的な意味で、街や敷地の入り口に立てられていることが多い。

目上の人へのマナー

古くから儒教の思想を受け継いでいる韓国では、年齢による上下関係がはっきりしている。そのため初対面で年齢を確認し合うのは珍しくない光景。日常的に目上の人やお年寄りを敬うことが大切とされている。

食事のマナー

日本のように器を持ち上げず、器はテーブルに置いたまま食べるのが正しい。年上の人とお酒を飲むときは、少し顔を横にむけて口元で手を隠し、相手にお酒を飲んでいる姿が見えないようにするのがマナー。また、韓国では大皿や大鍋を囲む食事が一般的。2人前以上でないと注文できない料理も多いので、一人旅の場合は店選びに気をつけたい。

美しいウォルジョンリビーチ沿いには、海を望む眺めのいいカフェが立ち並ぶ。

特に夏の時季は、リゾート感のある休暇を楽しむ人々でにぎわう。

草原で牧草を食べる馬の姿は、チェジュらしい風景の一つ。

海に囲まれたチェジュは新鮮な魚介類も豊富。韓国のなかでもグルメなスポット。

庭に甕（かめ）を並べ、自家製の調味料や味噌を作る店も少なくない。

沈む夕日を眺めながら、思い思いに過ごす時間も素晴らしい。

カフェ巡りも楽しみの一つ。とっておきのスイーツが見つかるはず。

Jeju Island Town

タウンエリア

|MAP/ P146-147|

チェジュの都会的なエリアといえば、済州（チェジュ）市の中心地。
飲食店やカフェ、市場、免税店、ホテルなど観光を楽しむ要素が十分に揃います。
空港から車で10〜20分程度の距離で、アクセスしやすいのも魅力です。

1.

Town

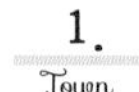

テベクサン 本店

태백산 본점

テベクサン ポンジョム

| MAP/ P146-A2 | **RESTAURANT** |

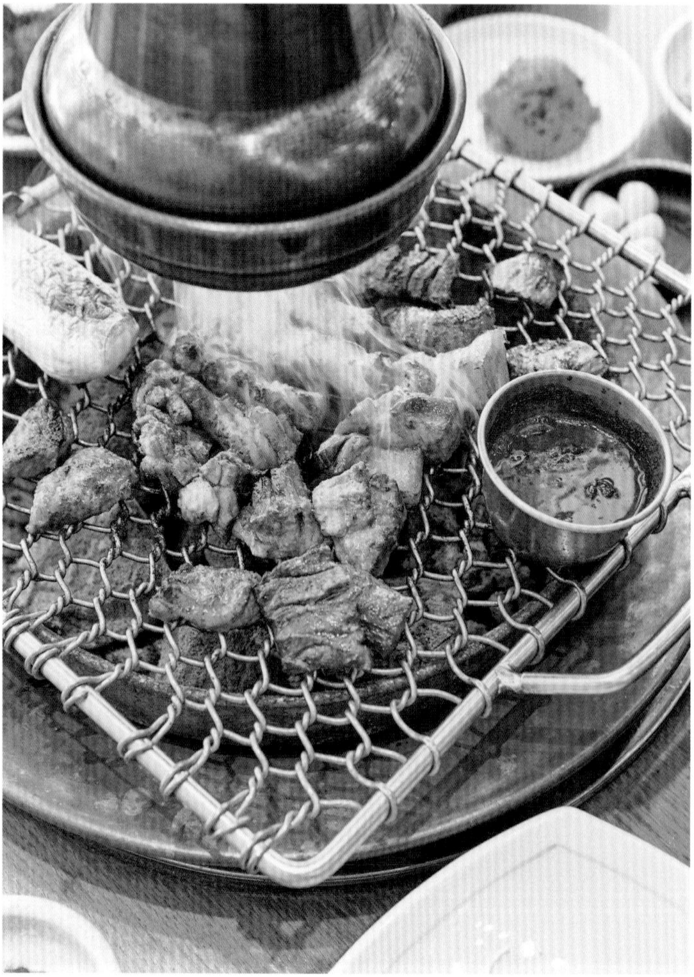

サムギョプサル（三枚肉）ではなく、オギョプサル（五枚肉）が食べられる。皮に残る黒い毛が黒豚の証拠。店内は清潔感があり、席数も多いので子ども連れも利用しやすい。

イワシのタレで食べる、黒豚“オギョプサル”

チェジュでは昔から黒豚が飼育されていて、大自然で放牧された豚は肉質がよく味わい豊か。チェジュ旅行で食べたいものといえば、真っ先に名前があがる人気食材です。空港近くにあるこの店は、約72時間熟成させた上級ランクの黒豚を部位別に楽しめる焼肉店。スタッフが網で焼いてくれるので、絶妙な焼き加減でおいしく食べられます。肉が焼けたら、地元の方言で“メルジョッ”と呼ばれるミョルチジョッ（カタクチイワシの塩辛）のタレをつけて食べるのがチェジュ流。少々くせがありますが、肉のうまみが引き立って、一度食べるとハマる人も多いです。

1.オギョプサル、豚ハラミ、肩ロースなど5種の部位が味わえるテベクサン パンマリ（半匹）₩4万。**2.**韓牛ユッケとユッケ寿司₩3万4000。**3.**肉はサンチュとエゴマの葉で巻いて。

DATA

住 제주시 도공로 154-12（済州市ドゴン路 154-12）
☎ 064-744-0001 休 なし 営 11:30～22:00 C 可
@taebaeksan_jeju

三姓穴ヘムルタン 1号店

삼성혈해물탕 1호점

サムソンヒョルヘムルタン イロジョム

| MAP/ P146-A1 | **RESTAURANT** |

盛りだくさんの海鮮を生から調理。豪快すぎる海鮮鍋

海の幸に恵まれているチェジュでは、新鮮な魚介類を使ったグルメも楽しめます。地元民の宴会や観光客でにぎわうこの店の海鮮鍋“ヘムルタン”は、迫力満点のビジュアル。生きたままのタコやアワビ、季節によって変わる旬の貝類など、最大15種類の魚介類が大きな鍋からあふれそうなほどに入っています。生の海産物だけを使うのが店のこだわりで、化学調味料を使わず、だしは魚介から出るうまみのみ。火が通ったタコや貝はチョジャン（コチュジャンと酢を混ぜた調味料）か、わさび醤油をつけて楽しんで。スープがしみ込んだモヤシもいい味を出しています。

1.店は創業15年。西帰浦市にも店舗がある。**2.**具を味わった後はラーメンでしめるのが定番。スープはピリ辛で、辛さに弱い人にはやや辛めかも。辛さ控えめで注文も可。**3.**この外観を目印に。

小・中・大・特大（2～5人前）からサイズが選べて、写真はヘムルタン小（2人前）₩6万。「小」といえど鍋はかなり巨大！「トゥッペギ」と呼ばれる1人前の鍋もあり。

DATA

住 제주시 도두항서7길 23(済州市トドゥハンソ7キル23)
☎ 064-749-5200　休 火曜　営 11:00～15:00、17:00～21:00(L.O.20:00)　C 可
◎ なし

3.

Town

姉妹ククス 本店

자매국수 본점

チャメククス ポンジョム

| MAP/ P146-A1 | **RESTAURANT** |

コギククス₩9000。昔は特別な日や大切な来客に豚をふるまったことから、豚一匹を余すことなく使う料理として誕生したそう。街のコギククス専門店を食べ比べてみても楽しい。

行列が絶えない、チェジュ名物“コギククス”の人気店

コギ＝肉、ククス＝麺料理を意味するコギククス。韓国本土から来る観光客の多くが、一度は食べるチェジュの郷土料理です。ここは店名のとおり姉妹で営むククス専門店。タクシー運転手の口コミでおいしいと広まり、今では行列が絶えない人気店となりました。豚と煮干しでだしをとった白濁スープは豚骨ラーメンのようなコクがありながら、あっさりした味わい。麺は黄色く、スープとよく絡む少し太めの麺。トッピングはチャーシューではなく、やわらかい蒸し豚です。特有の肉臭さがないので、初めてコギククスを食べる人におすすめしたい一軒です。

1.仲良し姉妹で経営。店で使う野菜は、姉妹のお父さんが畑で育てたもの。**2.**大行列でも回転は速い。入り口にある機械に電話番号を入力して順番待ちを。**3.**20年以上毎朝だしを注ぎ足し、変わらない味を守り続けている。**4.**コチュジャンベースのビビンククス₩9000も人気。

DATA

住 제주시 한골남길 46(済州市 ハンゴルナムキル 46)
電 064-746-2222　休 なし　営 9:00〜14:30、16:00〜18:00(L.O.17:45)　C 可
なし

4.
Touen

オウヌル

어우늘

オウヌル

| MAP/ P146-B2 | **RESTAURANT** |

チョンボクフェ（アワビの刺し身）
₩5万5000。ごま油と塩で食べる。

閑静な邸宅レストランで楽しむ、アワビのフルコース

日本では高級食材として知られるアワビですが、チェジュではスーパーに並ぶほど比較的身近な食材。厳しい海流の中で育つチェジュのアワビは、身が引き締まって食感がいいといわれています。そのため島内にはアワビを扱う飲食店が多数ありますが、落ち着いた環境で食事をしたい人はぜひこちらのフュージョンアワビ料理店へ。緑に囲まれた高級感のある店内でありながら、セットメニューは意外とお手ごろ。新鮮なアワビの刺し身も追加で注文できます。ふんわり蒸したアワビや、コリコリ食感の刺し身など、調理法で異なる味を楽しんでみてください。

1.宴会や接待にも利用されるラグジュアリーな空間。 2.親子で経営。シェフである息子さんは大阪で料理修業の経験も。 3.4.チョンボクトルソッパプ（アワビ釜飯）₩2万2000。ケジャン（カニ）やサバの塩焼きなどが付くセットでこの価格は魅力的。味噌は自家製で、庭には甕（かめ）が並ぶ。

DATA

제주시 연북로 222（済州市 ヨンブク路 222）
064-743-5131　日曜　11:00〜15:00（L.O.14:00）　可
なし

5.

Town

海女潜水村

해녀잠수촌

ヘニョチャムスチョン

| MAP/ P146-A1 | **RESTAURANT** |

空港近くで朝から行ける、朝食におすすめのアワビ粥

チェジュは観光地ですが、朝早くから開いている店が意外と多くありません。ここは朝8時から営業している、チェジュらしい海鮮料理を気軽に食べられる店。一番人気のアワビ粥は、新鮮なアワビの内臓をたっぷり使っているので、味も色も濃いのが特徴。おかずにチェジュ名物のタチウオの煮込みが付くのも珍しいです。ほかにはウニとワカメのスープや、海鮮トゥッペギも人気。一人でも利用しやすい雰囲気です。

1.チョンボクチュク（アワビ粥）₩1万2000。**2.**370席ある広い店内。夜は団体客で混むので前日予約がベター。**3.**セルフで卵を焼けるコーナーも。**4.**海岸沿いに立つ店。空港から車で約7分。

DATA

住 제주시 서해안로 498（済州市 ソヘアル路 498）
☎ 064-743-0733　休 なし　営 8:00～19:00（早めに閉める日もあり）　C 可
@jamsuchon

ここだけのローカルなキンパ

朝食やちょっと小腹が減ったときにぴったりな、韓国版のり巻の“キンパ”。
ほかの地域では味わえない、チェジュならではのキンパを紹介します

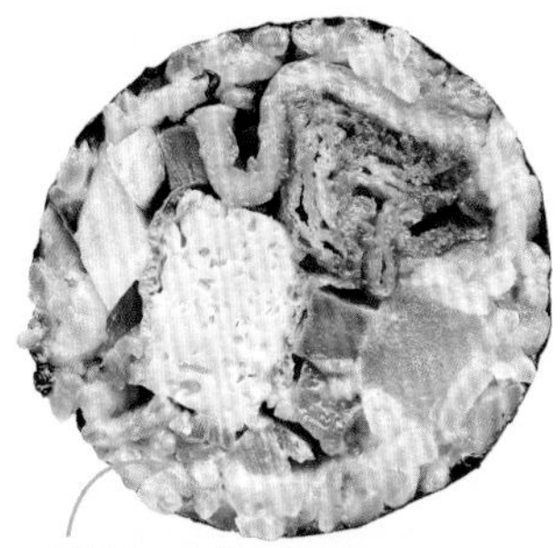

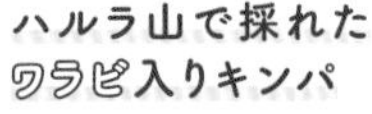

ハルラ山で採れた ワラビ入りキンパ

具はワラビ、韓国おでん、卵焼き、たくあん、揚げたハム＆カニカマ。山菜特有のほろ苦さと、あっさりした味で何個でもイケる。
₩5000

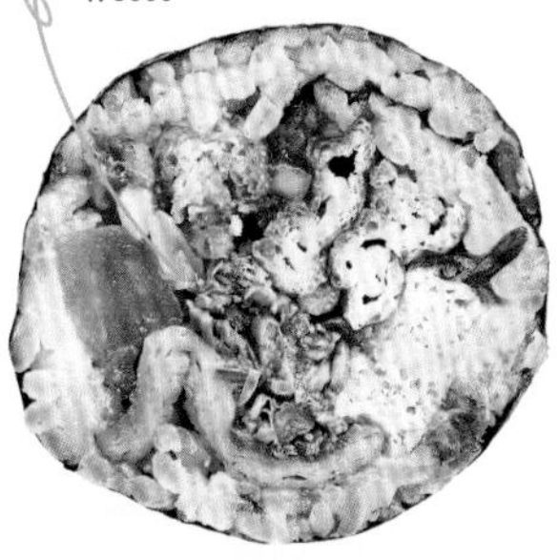

黒豚スープで炊いた お米が際立つキンパ

豚骨スープで炊いた米の味が際立つよう、具はシンプルに卵焼き、ハム、たくあん、ゴボウなど。辛い青唐辛子のマヨソース入り。
₩4000

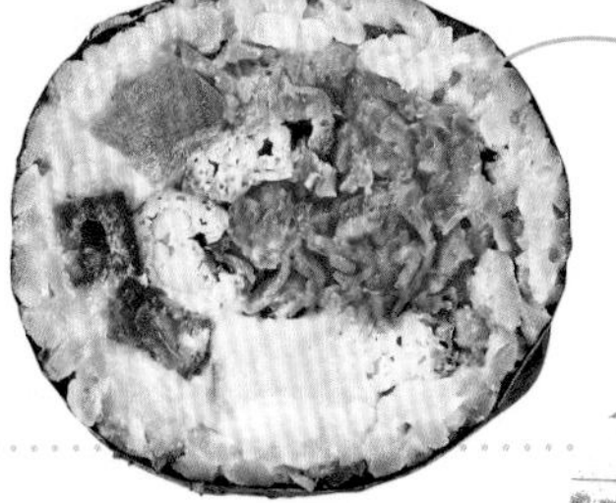

チェジュ産ニンジンが たっぷり入ったキンパ

チェジュ特産品のニンジンを、揚げたハム&カニカマ、たくあん、オルガリ（白菜の一種）と一緒に。味の決め手はチーズ。₩5000

島州済キンパ

도주제김밥／ドジュチェキンパ

ローカル食材を使った変わりだねのキンパが多数。どのキンパもチェジュの黒豚でだしをとったスープで炊いたごはんに、黒豚そぼろを混ぜ込んでいる。キンパをのせたカゴが上から降りてくるユニークな店内にも注目を。

DATA

住 제주시 관덕로3길 9-1
（済州市 クァンドン路3キル 9-1）
電 064-721-2317　休 なし
営 9:00～18:30（L.O.18:00）　C 可
@dojuje_jeju　▶MAP/P147 C-1

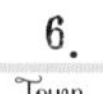

タソニ

다소니

タソニ

| MAP/ P147-C4 | **RESTAURANT & CAFE** |

趣のある建物。店内に入ってすぐ目に入るのはエノキの大木。

ベジタリアンも対応可。伝統食と伝統茶が楽しめる

森の中にいるような伝統家屋で、ビビンバやハスの葉ごはん、スジェビ（韓国式すいとん）といった野菜中心の韓国伝統料理が食べられます。菜食主義者向けの料理が少ない韓国ですが、ここでは魚介だしを使わないベジタリアン用も調理してもらえるので希望を伝えてみて。自家製の伝統茶も豊富なので、お茶屋さんとしての利用客も。試してほしいのは漢方薬にもなる五味子（オミジャ）茶。甘味・酸味・苦味・辛味・塩味が含まれていて、その日の体調によって感じる味が変わるとか。からだにいいものを取り入れながら、豊かな時間を過ごすのにぴったりです。

1.木のトンネルをくぐるように店内へ。2.もち米やナツメ、松の実などを包んで蒸したヨンニップパプ（ハスの葉ごはん）₩1万2000。香り高く、もちもちした食感。3.どんぐりの粉を固めてゼリー状にした“トトリムク”や、季節の野菜を使ったおかずなど伝統的な韓国の味が楽しめる。

DATA

제주시 오남로6길 24（済州市 オナム路6キル 24）
064-752-5533　第2･4･5日曜　11:00～15:00、17:00～21:00（L.O.20:00）　可
なし

7.

Touen

ペクガネ

백가네

ペクガネ

| MAP/ P147-D3 | **RESTAURANT** |

創業23年のカニ専門店で、絶品“カンジャンケジャン”を

ワタリガニを醤油ベースのタレに漬け込んだカンジャンケジャンは、ぜひ韓国で食べてほしい一品。オスはぎっしり詰まった身、メスは卵が楽しめます。旬は11月頃、寒くなり始めるときが特においしいそう。カニのねっとりとした甘い味わいがたまりません。1992年に韓国家庭料理店として始まったこの店は、2000年からカニ専門店となり、島民から愛され続けています。店の一番人気は、合わせ調味料（ヤンニョム）に漬け込んだヤンニョムケジャン。真っ赤なビジュアルに驚きますが、辛さは強くなく、カニの甘みが引き立ってこちらも納得のおいしさです。

1.味噌が詰まった甲羅の中でごはんを混ぜ、海苔で巻いて。**2.**創業者であるお母さんと娘たちで経営。**3.**ヤンニョムケジャン₩1万6000。**4.**ムール貝のスープが無料で付くのもうれしい。

カンジャンケジャン アムケ（メス）₩2万8000。漬け込みすぎると塩辛くなるので、塩梅（あんばい）をみながら3日程度タレに漬け込む。おかずはどれも味がよく、私は思わずレシピを聞いてしまったほど。

DATA

제주시 동광로6길 9（済州市トングァン路6キル 9）
064-702-8777　日曜　11:00～21:00　可
なし

Jejju Island

Column.2

必ず食べたいチェジュ名物

韓国のなかでも独自の食文化があるチェジュは、ここだけの名物もたくさん。
初めてチェジュを訪れる人に、絶対に食べてほしい名物がこの5つです

名物1 黒豚

「チェジュといえば黒豚」と言われるほど代表的。皮にうっすらと黒い毛が残るのが黒豚の証拠。普通の豚肉よりも値段が高いことが多い。

名物2 アワビ

食べる際はぜひ産地にこだわって、地元の海女さんが採った新鮮なアワビを。刺し身や醤油漬け、鍋もの、お粥など料理の種類も豊富。

名物3 コギククス

豚肉を余すことなく使うチェジュの文化を代表する麺料理。店によってスープや麺が異なるので、食べ歩きして味の違いを楽しんでも◎。

名物4 みかん

市場に行くとずらりと並んでいるみかん。なかでもチェジュで有名なのは11月〜春頃に出回る「ハルラボン」と呼ばれるデコポンと同じ品種。

名物5 タチウオ

韓国語で「カルチ」といい、塩焼きや、辛めに味付けた煮つけで食べることが多い。小さなサイズは一般家庭でもよく食べられる身近な魚。

チェジュの万能調味料?

おかずに並ぶ味噌のようなものは、タチウオの"チョッカル(塩辛)"。生の唐辛子や蒸したキャベツ、肉につけて食べてみて。お酒のつまみにも。

おかずは基本的におかわり自由

基本的に韓国では、メニューを一つ頼むとたくさんの小皿が一緒に並びます。
これらのおかずは「パンチャン」と呼ばれ、好きなだけ食べていいのです

日本で韓国料理店へ行くと、キムチやナムルなどをそれぞれ注文しますよね。韓国ではメインの料理を注文すると、無料のパンチャン（日本語に訳すと「おかず」）がずらりと並びます。しかもこれらは基本的におかわり自由。「もう少しください」と言えば、好きなだけ食べられます。種類は店によって異なり、チヂミやヤンニョムケジャン、チゲなど豪華なおかずが出ることも（ごくたまに要追加料金）。韓国ではメインがよくても、パンチャンが微妙だと店の評価が下がるそう。パンチャンがおいしいことも、人気店の条件のようです。

使える！ 韓国語フレーズ

すみません（呼びかけ）
チョギヨ
저기요

1人前だけ注文できますか？
イリンブンマン チュムン ハルスイッソヨ？
1인분만 주문할 수 있어요?

～をください
ジュセヨ
주세요

メニュー 메뉴판（メニュパン）
水 물（ムル）
取り皿 앞접시（アップチョプシ）

おかずをもう少しください
パンチャン チョグム ト ジュセヨ
반찬 조금 더 주세요

辛さを控えめにしてください
トル メッケ ヘジュセヨ
덜 맵게 해주세요

お会計をお願いします
ケサン ヘジュセヨ
계산해 주세요

トイレはどこですか？
ファジャンシルン オディエヨ？
화장실은 어디예요?

8.

Touen

ソルノンオク

설농옥

ソルノンオク

| MAP/ P147-D3 | **RESTAURANT** |

一番人気の、王（ワン）カルビタン₩1万5000。タンミョン（韓国春雨）が入っていて、ごはんと一緒に食べるのが一般的。自家製の白菜キムチとカクテキは日本人好みの味。

秘伝の梅ダレをつけて食べる、味わい深い“カルビタン”

食事どきは常に地元の人でにぎわい、私も数十回通いつめている大好きなお店です。牛の骨付きカルビを煮込んで作るカルビタンは、透き通ったスープに肉のうまみが凝縮され、ほっとする味わい。脂っぽくも辛くもないので、朝食にもぴったりです。肉は一度圧力鍋で蒸すことで骨からほろりと外れるほどやわらかく、特製の梅ダレにつけて食べるとさっぱりした味に。ほかに牛骨を煮込んで作る“ソルロンタン”や、トガニ（牛のひざ軟骨）や塊肉を煮込んだ“特ソルロンタン”も人気。肉系スープが食べたい人には、自信を持っておすすめできる店です。

1.100日間熟成させた自家製の梅エキスを使った特製ダレは、肉との相性が抜群。**2.**土鍋は直火で熱しているのでやけどに注意。**3.**肉はトングとハサミを使って、食べやすい大きさに切り分けて。**4.**一人でも利用しやすい食堂。日本語メニューがあるのもうれしい。

DATA

제주시 동광로4길 9 2 1층(済州市トングァン路4キル 9 2 1F)
064-757-4744　日曜　9:00～21:00(L.O.20:30)　可
なし

9.
Town

タオルレフェッチプ

다올레횟집

タオルレフェッチプ

| MAP/ P146-B3 | **RESTAURANT** |

刺し身盛り合わせは小・中・大がありW6万～10万。写真は大。

韓国の刺し身は、熟成キムチや“チョジャン”と一緒に

韓国語で刺し身を「フェ」、刺し身屋さんを「フェッチプ」といいます。ヒラメやタイなどの白身魚が一般的ですが、チェジュではヤリイカやサバなども人気。日本とは異なる食べ方を楽しんでみてください。韓国ではチョジャンというコチュジャンと酢を混ぜたタレや、“ムグンジ”と呼ばれる熟成キムチと一緒に刺し身を食べます。キムチは洗ってあるため赤くはなく、辛さはなし。古漬けのような酸味で、刺し身をさっぱりと食べられるのです。常時10種類程度の魚が揃うこの店では、煮込みや焼き魚も注文可能。次々と並ぶ豪華なおかずに圧倒されるでしょう。

1.酸っぱくて甘辛いチョジャンにつけて。**2.**刺し身もサンチュやエゴマの葉で巻いて食べる。サムジャン（味噌とコチュジャンを混ぜたもの）も一緒に。**3.**この日並んだのはヒラメ、レンコダイ、クロダイ。食後に魚のアラでだしをとったスープも出てくる。**4.**店先の水槽で泳ぐ魚をさばいて提供。**5.**刺し身屋さんでは盛り合わせのほか、1匹丸ごとやキロ単位で注文する形式が多い。

DATA

제주시 신대로16길 36-1（済州市シンデ路16キル 36-1）
064-745-8297　不定休　16:30〜翌2:00　可
なし

10.
Town

ソソバン炭火タッカルビ 連動店

서서방숯불닭갈비 연동점

ソソバンスップル タッカルビ ヨンドンチョム

| MAP/ P146-B3 | RESTAURANT |

チェジュ産の地鶏を、炭火焼きでじっくり焼き上げる

"タッカルビ"といえば、鶏肉と野菜を甘辛いタレで炒めた料理で知られていますが、この店で食べられるのは韓国でも珍しい炭火焼きのタッカルビ。チェジュ産の地鶏を、処理したその日のうちに提供するため、新鮮な鶏肉が味わえると連日満員の人気店です。歯ごたえがあってジューシーな鶏肉は、こだわりの塩を使った塩焼きのほか、甘辛いタレ（ヤンニョム）の味もおすすめ。味の決め手になる調味料やタレは自家製だそうです。

1.タレ₩1万6000、塩₩1万5000。**2.**ごはんに海苔、ごま油、とびっこが入ったキムカルパプ₩3000はチュモクパプ（おにぎり）に。**3.**店の入り口が分かりにくいので注意。島内に3店舗ある。

DATA

住 제주시 신광로 61 1층（済州市 シングァン路 61 1F）
電 0507-1301-7745　休 月曜　営 15:00～翌2:00（L.O.翌1:00）　カ 可
日 なし

ホテルで飲みたいときは…

スーパーやコンビニでも手軽にチェジュならではのお酒が手に入ります。
代表的なものを紹介しますので、見かけたらぜひ試してみてくださいね

保管は必ず冷蔵庫で！

生マッコリ

白く濁った韓国の伝統酒“マッコリ”。酵母が生きた生のマッコリは、日本には持ち帰れないのでぜひ現地で堪能して。

右／離島・牛島（ウド）の名産品、ピーナツが原材料の「チェジュ牛島タンコン生マッコリ」 ₩4500。左／発酵を止める加熱処理をしていないので、生きた乳酸菌を味わえる「生チェジュマッコリ」 ₩1500

お土産にもおすすめ

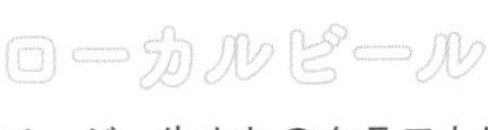

ローカルビール

チェジュ生まれのクラフトビールも人気です。韓国料理によく合うので、ペアリングも楽しんで。

地ビールの先駆け的存在の「チェジュエール」。右／特産品であるみかんの皮を生かして作る、爽やかな味の「チェジュウィットエール」 ₩2700。左／辛い料理に合う「ペルロンエール」 ₩2700

オメギ酒

稲作に適さないチェジュで、米の代わりに作られていたのが粟。その粟を使って作る、チェジュに伝わる伝統酒。

粟で作る餅“オメギトック”（→P.58参照）を発酵させた伝統酒。「D & DEPARTMENT JEJU by ARARIO」（→P.54）で購入可。「オメギ酒」 ₩1万6000

焼酎

韓国ドラマでもよく登場する「ソジュ（焼酎）」。せっかくならチェジュ生まれのブランドを。

チェジュを代表する焼酎。水がきれいなチェジュの天然水を使い、すっきりした飲み心地。ラベルの数字はアルコール度数。「ハルラ山」 ₩1300

おつまみにいかが？

馬肉文化のあるチェジュでは、こんな馬のジャーキーも。肉加工品は日本に持ち込めないので注意。東門市場（→P.60）などで購入可。 ₩7000

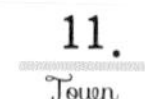

ヨスル食卓

요술식탁

ヨスルシクタク

| MAP/ P147-C2 | RESTAURANT |

ローストビーフのような韓牛の真空調理プレート₩1万9000。

元デザイナー夫婦が営む、地産地消のレストラン

牛肉、豚肉、ニンジン、ビーツなど、チェジュ産食材にこだわった地産地消のレストラン。「気軽にくつろぎながらローカルの味をおいしく食べてもらいたい」というコンセプトで、元デザイナーの夫婦が営んでいます。真空調理でやわらかくしっとりと仕上げた肉に、目にも楽しいビーツ入りの赤いごはんを合わせたプレートは、新しくもどこかほっとする味わい。チェジュの特産品であるニンジンやハルラボンをソースやドレッシングなどにして、料理に取り入れているのもポイントです。チェジュならではの炭酸ドリンクやビールも揃っているので一緒にどうぞ。

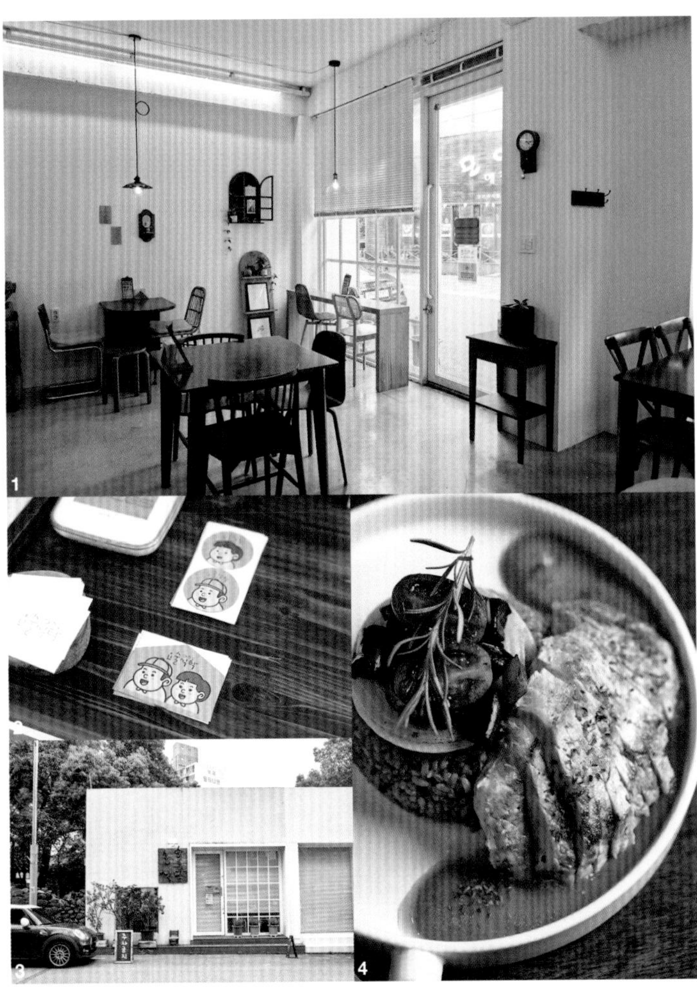

1.カフェ風でくつろげる店内。**2.**夫婦の似顔絵が描かれたオリジナルステッカーもかわいい。**3.**小学生未満は入店できないのでご注意。**4.**黒豚の真空調理プレート₩1万8000。特製ニンジンソースはまろやかで、ニンジンが苦手な私でもおいしくいただけました。

DATA

제주시 관덕로6길 10 왼쪽집(済州市 クァンドク路6キル 10 左側)
064-803-0776　水曜、毎月最終火曜　11:30〜14:30、17:00〜20:00(L.O.19:20)　可
@yosultable_jeju

12.
Touen

Las Tortas

라스또르따스

ラストルタス

| MAP/ P147-D3 | **RESTAURANT** |

店内のレジカウンターで、名前と電話番号を書いて待機。先に注文を済ませます。

早い日は12時に売り切れ! 地元っ子に大人気のタコス

韓国でなぜメキシコ料理? と思うかもしれませんが、地元の食材を使ったここのタコスが絶品なので、ぜひ紹介したかったのです。この店はメキシコに5年間滞在していたオーナーが現地で修業をした後、帰国してオープン。開店30分前から整理券を配り始め、早い日には12時、通常でも14時前後には売り切れてしまうほどの人気店です。売れ筋No.1はコプチャン(ホルモン)タコス。チェジュ産の韓牛コプチャンを毎朝仕入れ、その日の分だけ調理するのが店主のこだわり。次いで、チェジュで捕れるマトウダイを使ったタコスと、豚肉のタコスも定番人気です。

1.マトウダイのフリットが入ったタコス。ペスカト（2個）₩1万1000。**2.**開放的な店内。テキーラやメキシコビールなどのお酒も充実。**3.**揚げたての熱々チップス&サルサ₩4500のほか、ワカモーレ₩3500もぜひ一緒に。添えてある揚げた唐辛子は激辛なので要注意！

DATA

제주시 광양11길 8-1（済州市 クァンヤン11キル 8-1）
064-799-5100　月曜、火曜　11:00～15:00（材料がなくなり次第終了）　可
@lastortas_

13.

Touen

Too Hard To Be Cool

투하드투비쿨

トゥハドゥトゥビクル

| MAP/ P147-D4 | CAFE |

甘い焼き菓子でひと息つける、居心地のいいカフェ

数多くのかわいいカフェが点在するチェジュですが、ここはチェジュに住んでいるような日常を味わいたい人におすすめのカフェ。「かっこつけない」というコンセプトのとおり、自然体な雰囲気が居心地よく、リラックスした時間を過ごせるでしょう。メニューは個性的なドリンクや季節限定スイーツのほか、店内のオーブンで焼き上げるクロワッサンやパティスリーも魅力的。代表的メニューは自家製パイにアイスクリームをサンドした「TO BE SAND」。サクサクの甘いパイにピスタチオ・こしょう・オリーブオイルをかけた大人の味で、味も見た目もGOODです。

1.パティスリーは生地から手作り。焼き上がりは甘い香りに包まれる。**2.**韓国カフェらしいインテリア。**3.**TO BE SAND ₩6500ほか、オリジナルティー₩6000、ピンス₩7500など季節限定メニューも。

温かくフレンドリーなオーナーのサンヨンさん、ボスルさん、ヒョンボさん（左から）。彼らとのおしゃべりを楽しみに訪問する常連客も多い。本書を片手に話しかけてみて！

DATA

제주시 구남로8길 20 1층(済州市 クナム路8キル 20 1F)
010-9801-7701 火曜 12:00～21:00 可
@too_hard_tobecool

14.
Touen

桃李花果

도리화과

トリファグァ

| MAP/ P146-B2 | CAFE |

静かな空間でいただく、季節のフルーツを使ったかき氷

ミルク氷を削って作る韓国のかき氷“ピンス”。シャリッとした日本のかき氷とは異なり、粉雪のようにふんわりとした食感が特徴です。韓国では生の果実を使った自家製シロップで提供する店が多く、このカフェもその一つ。6〜8月はトウモロコシ、8〜10月はイチジク、秋にはマロンを予定しているなど、季節ごとに替わる個性的なフレーバーが楽しめます。果物とシロップがたっぷり入っていて、2〜3人でシェアできそうなボリュームですが、自然な甘さなので飽きずにぺろりと完食できるはず。この美しさは写真を撮らずにはいられないですよね。

静かな音楽が流れる落ち着いた空間。若い人からお年寄りまで、さまざまな年代の人が集う。

1.ココナッツミルクで作る、ヴィーガン対応のムファグァ（イチジク）ココナッツピンス₩1万6000。**2.**韓国式のお茶道具を眺めるのも楽しい。**3.**伝統的な雰囲気とモダンの融合がコンセプト。**4.**珍しいイチジクの芽と葉のお茶₩8000と、季節の和菓子プレート(3P) ₩1万4000。

DATA

제주시 이연로 194(済州市 イヨン路 194)　064-740-3132
日・月・火曜(不定休はInstagramで要確認)　12:00〜18:00(L.O.17:00)　可
@dorihwa_

15.

Touen

pulgore

풀고레

プルゴレ

| MAP/ P146-B3 | BAR |

マッコリはグラス₩4000〜、ボトル₩1万2000〜。

現地でこそ楽しめる生マッコリは、専門店に足を運んで

手に入りにくい小さな工場のマッコリをはじめ、韓国の伝統酒が常時20種類ほど揃うバー。旬の食材を使った料理とチェジュらしいお酒をペアリングできる店とあって、グルメなお酒好きから支持されています。一般的に日本で流通しているマッコリは、発酵を止めるために加熱処理したものがほとんど。韓国では加熱処理をしていない要冷蔵の生マッコリが楽しめるので、酵母や乳酸菌が生きた本場の味を堪能して。オーナーは日本語もできるので、お酒の説明を聞くのも楽しいですよ。不定期で料理教室や市場のツアー（韓国語・英語対応）も行っています。

1.気分の上がるラベルデザインが多数。日によって品揃えが異なるのでお気に入りを見つけて。**2.**女性一人でも入りやすいシックな店内。カウンター席もあり。**3.**マッコリに合わせる定番のおつまみをモダンにアレンジ。乾燥豆腐＋キムチとスンデ₩1万2000。**4.**好きなグラスを選べるのも楽しい。

DATA

제주시 삼무로 35 1층(済州市 サムム路 35 1F)
064-713-7555　日曜　11:00～16:00、18:00～24:00　可
@jeju_pulgore

16.
Town

D&DEPARTMENT JEJU by ARARIO

디앤디파트먼트 제주 바이 아라리오

ディアンドデパートメント チェジュ バイ アラリオ

| MAP/ P147-C1 | **SHOP & CAFE** |

歴史や文化のなかで育まれた、個性のあるものをセレクト。

再開発エリアの中心地で、チェジュのデザインに触れる

空港の東側に位置する塔洞（タプトン）は近年再開発が進み、センスのいいショップやカフェが点在するエリア。この地に、日本でロングライフデザインをテーマに活動する「D&DEPARTMENT PROJECT」と、韓国で美術館などを経営する「ARARIO」がタッグを組んで、2020年に新しい施設をオープンさせました。古い建物をリノベーションした2階部分はインテリアショップになっていて、韓国内やチェジュ島内からセレクトされたものや、地元生産者や作り手と共同開発したオリジナル商品も並びます。会員制のホテルも併設されていて、宿泊も可能です。

1.2.建物1階は地元の食材を昔からの調理法で味わえる「d食堂」。3.火山島のチェジュで採れる玄武岩を使って石工芸作家イ・チャングンさんが作るオリジナル商品も。展示内容は1～2カ月ペースで変更される。4.チェジュ産の食品やお酒などもあり、お土産探しにもおすすめ。5.韓国の陶器も人気。古い食器をリユースする活動も行う。

DATA

제주시 탑동로2길 3（済州市 タプトン路2ギル 3）
064-753-9902（2階）　毎月最終水曜　10:30～18:00　可（一部不可あり）
@d_d_jeju

17.
Touen

The ISLANDER

더 아일랜더

ド アイルレンド

| MAP/ P147-C2 | SHOP |

雑貨&文房具好きにはたまらないギフトショップ

近年チェジュでは、島内在住のデザイナーやアーティストによる、チェジュをモチーフにしたおしゃれなプロダクトが急増中。私も見かけるたびに、ちょこちょこ買い集めています。東門市場からすぐの場所にあるこの店は、文房具やアクセサリー、生活用品など、センスのあるデザイン雑貨を幅広くセレクト。さりげなくチェジュを感じられるグッズも多いので、きっとお気に入りが見つかるはず。ばらまき土産探しにも◎。

1.本書のカメラマン&編集者も、ここでの買い物を満喫していました。**2.**かわいいオリジナルのレジ袋はバイオプラスチック製。**3.**チェジュの貝殻のピアス各₩1万6000。

DATA

住 제주시 관덕로4길 7(済州市 クァンドン路 4キル 7)
☎ 070-8811-9562　休 なし ※併設のカフェは水曜休み　営 11:00〜20:00　C 可
@jeju_the_islander

18.
Town

ハンサリム 済州タルム店

한살림 제주담을매장

ハンサリム チェジュタルムメジャン

| MAP/ P146-A2 | SHOP |

オーガニックな韓国食材や食品を買うならここ

いわゆる日本の「生協（生活共同組合)」のようなシステムで、韓国内で展開しているハンサリム。会員でないと少しだけ割高になりますが、登録なしでも購入可能です。店内には有機や無農薬で作られた食材や、添加物や化学調味料不使用の食品が並んでいます。私は日常の買い物だけではなく、食べ物に気を遣っている人へのお土産探しに利用することも。ホテル滞在中の、旬のフルーツやドリンクなどの調達にもおすすめです。

1.土曜午後は店の裏の庭で、地元の生産者たちが集うオーガニックマーケットが開催されることも。
2.チェジュの生産者コーナーもあり。お茶や乾物、調味料なども並ぶ。

DATA

제주시 월랑로 12（済州市 ウォルラン路 12）
064-745-5988　なし　10:00〜20:00、日曜〜17:00　可
なし

19.
Town

オボクトックチプ

오복떡집

オボクトックチプ

| MAP/ P147-C2 | **LOCAL FOOD** |

伝統の餅菓子“オメギトック”の、行列ができる店

米が育ちにくかったチェジュでは、米の代わりに粟を使って餅や酒を作っていました。地元の方言で「オメギ」はもち粟、もち粟の生地であんこを包んだものを“オメギトック”といいます。創業55年のこの店は、もちもちのオメギトックを求める人でいつも混雑。個包装かつ、おみやげで配りやすい価格帯なので、韓国人観光客もこぞってまとめ買いをしているのです。賞味期限は常温で1日、冷蔵で2日。冷凍すれば2〜3カ月OK。私の母はいつも滞在最終日に購入し、日本帰国後すぐに冷凍庫に入れ、少しずつ楽しむのだそう。2〜3時間で自然解凍できます。

1

2

3

1.店の奥で毎日手作り。現在はもち粟にもち米とヨモギを混ぜるのが主流。2.店は東門市場の中（→P.60）。3.味は4種類。（左から）黒ゴマ・あずき・きなこ・ピーナツ。各₩1000。

DATA

住 제주시 동문로2길 10 동문시장내（済州市トンムン路2キル 10 東門市場内）
電 064-753-4641　休 第2·4水曜　C 可　営 8:00〜21:00
◎ なし

不定休や臨時休業に気をつけて

せっかく足を運んだのに、お店が営業していない……なんてことのないように。
不定休や臨時休業にあたらないためにも、事前に確認をしてから訪れましょう

特に個人経営の店では、不定休や突然の休業がよくあるチェジュ。多くの店はインスタグラムや、韓国の検索エンジン「NAVER」に最新情報や注意事項を載せているので、わざわざ遠い場所に足を運ぶときは事前にチェックすると安心です（そのため本書では各店のインスタグラムアカウントを載せています）。難しければホテルのフロントに頼んで、訪れる前に電話で営業確認してもらうのもいいでしょう。また、ときどき「No Kids（子どもは入れません）」とアナウンスされている店もあるので要注意。基本的には子ども用の食器や椅子を用意してくれるキッズフレンドリーな店がほとんどですが、店のドアなどの注意書きは入店前に確認するようにして。

Jeju Sightseeing

東門市場を歩いてみよう

肉や魚、野菜といった食材から、観光客向けのお土産までなんでも揃う市場です。
屋台の軽食を食べ歩きしながら、ぶらぶら歩いてみるだけでも楽しいですよ。

3番ゲートを目指そう

入り口があちこちにあり、初めて訪れる人は迷いやすい東門市場。3番ゲートを目指して行けば、みかんや土産物を多く売る観光客に人気のメインストリートへ入れます。市場内は食べ歩きフードも充実していて観光客も多いですが、地元の人の食材調達の場所でもあるのです。飲食店の仕入れなどにも使われているので、チェジュの台所といえるでしょう。ここでお酒と刺し身を買って、ホテルで一杯楽しむのもよさそうです。

迷ったら上を見て

楽しみながら歩いていると、うっかり方向感覚を失いがちな市場内。「ここはどこ？」と思ったら、上を見上げてみて。市場内の地図や、現在地の案内が書かれています。

東門市場

동문시장／トンムンシジャン

DATA ▶MAP/P147-C2

住 제주시 관덕로14길 20
（済州市 クァンドン路14キル 20）
休 なし ※店舗により異なる
営 8:00～21:00 ※店舗により異なる
C 一部使用不可の場合あり

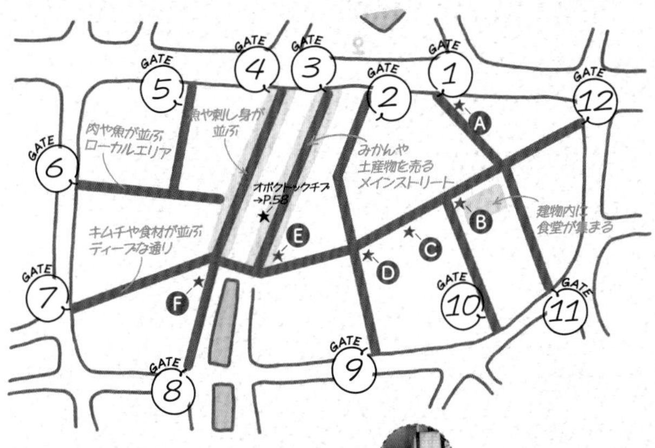

A ホットックの屋台

1番ゲートを入ってすぐにあるホットックの屋台。ホットックは韓国の屋台では定番の、甘いおやきのようなおやつ。行列ができることも。

B 新しいフードコート

地下へ続くスロープでつながるフードコートは、できてまだ間もない。一人での食事や、市場での食べ歩きに抵抗がある人には使いやすい場所。

C 厨房機器を買うなら

市場なので厨房機器の卸し屋もある。韓国ならではの調理道具や食器、カトラリーなどが一堂に揃い、眺めるだけでも楽しい。

D 人気のトッポギ屋さん

トッポギ、おでん、揚げ物、キンパなどの軽食が揃う店。壁にはBLACKPINKが番組の収録で来たときの写真も貼られている。

E お土産探しに最適

絨毯のようにお土産の箱が敷き詰められた光景は圧巻！ みかんのお菓子やチョコレートなどを安くまとめ買いするのにおすすめ。

F 夜にぎわう「夜市場」

夜になると明かりが灯り、にぎわうエリア。アワビのキンパや焼きロブスター、みかんジュースなど食べ歩きできるような屋台が並ぶ。

西帰浦にも市場があります

西帰浦毎日オルレ市場

서귀포매일올레시장／ソギポメイルオルレシジャン ▶MAP/P148-B4

西帰浦市で一番規模が大きい市場で、活気にあふれています。中文リゾートのホテルに滞在中はこちらがアクセスしやすいです。

住 서귀포시 중앙로62번길 18(西帰浦市 チュンアン路62番キル 18)
休 なし ※店舗により異なる 営 7:00～21:00 ※店舗により異なる C 一部使用不可の場合あり

Jeju Sightseeing

旧チェジュの「タプトン」を街歩き

旧チェジュのなかでも、海に近いタプトンは再開発が進むエリア。
この周辺は徒歩圏内に見どころが多いので、歩きながらの街散策もおすすめです。

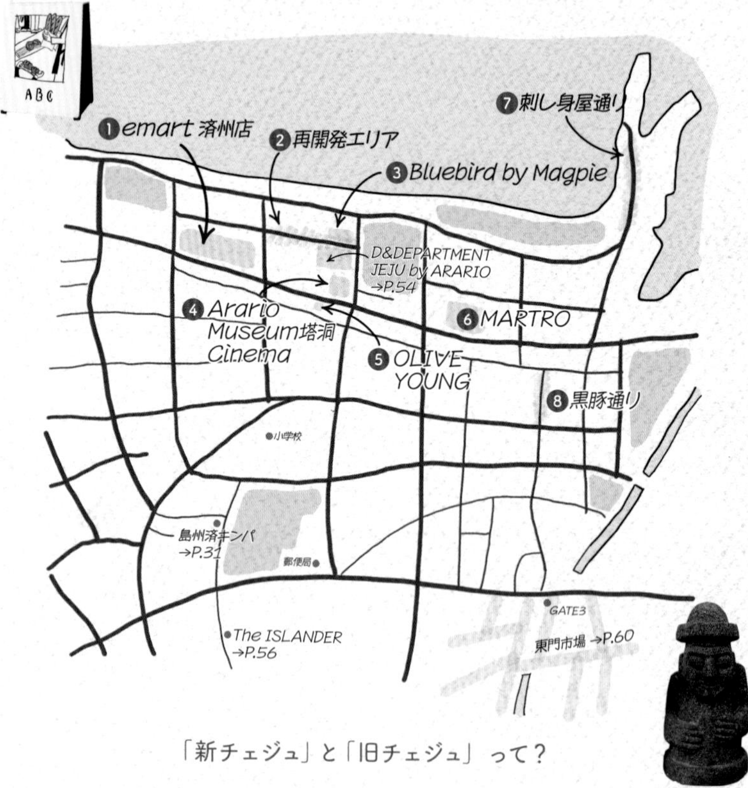

「新チェジュ」と「旧チェジュ」って？

済州市の繁華街は、大きく分けて「新チェジュ」と「旧チェジュ」の二つのエリアがあります（→MAP/P.146参照）。新チェジュは15〜20年前に開発され、オフィスやビル、免税店や大型スーパーなどが集まっているエリア。旧チェジュはそれ以前に開発されたエリアですが、近年ではこちらの方が再び開発が進み、新しい店が増えています。ただし、このエリア分けは明確な境界線があるわけではありません。タクシーで「新チェジュまで行きたい」と伝えても、理解されないことも多いので要注意です。

1

食品から日用品までなんでも揃う大型スーパー。滞在中の軽食や飲み物の調達や、お土産探しにも。免税対応。住 제주시 탑동로 38（済州市 タプトン路 38）休 毎月第2·4日曜 営 10:00～23:00 ▶MAP/P147-C1

2

D&DEPARTMENT JEJU by ARARIOの周辺は特に再開発が進むエリア。壁に「d」の文字が描かれた小道を1本入ると、人気スキンケアブランド「Aēsop」や、トラックの幌などをアップサイクルしたバッグブランド「FREITAG」などの店がある。

3

チェジュのクラフトビール「メクパイ（→P.110）」が運営するバー。缶ビールの購入も可。写真の建物を左に曲がると入り口がある。住 제주시 탑동로2길 7 2층（済州市 タプトン路2キル 7 2F）休 毎月第1水曜 営 17:00～翌1:00 ▶MAP/P147-C1

4

この周辺一帯の再開発に携わるARARIOが、映画館跡地を美術館として再生。真っ赤なビルはタプトンを象徴する存在。住 제주시 탑동로1（済州市 タプトン路14）休 月曜 営 10:00～19:00 ▶MAP/P147-C1

5

さまざまなブランドの韓国コスメや、お菓子などが購入できるドラッグストア。チェジュのお土産コーナーもあり。免税対応。住 제주시 탑동로 15-1（済州市 タプトン路 15-1）休 なし 営 11:00～22:30 ▶MAP/P147-C1

6

24時間営業している便利な倉庫型のスーパー。「コストコ」の商品もバラ売りで購入できる。住 제주시 중앙로 13（済州市 チュンアン路 13）休 なし 営 24時間 ▶MAP/P147-C1

7

1960年代から続く「西埠頭（ソブドゥ）高級刺し身屋通り」。防波堤の前に海鮮料理店が軒を連ねる。価格帯はやや観光客向けだが、人気店も多い。夜はネオンが光り、にぎやかな雰囲気に。

8

チェジュ名物・黒豚の焼肉専門店が並ぶストリート。夜遅くまで営業している店もあるので、到着日が夜のときに訪れるのもいい。チェジュ式で食べる黒豚サムギョプサルを楽しんで。

Column.6

1泊2日でホテルをとるなら

日本から遊びに来る友人に、よく相談されるのが宿泊エリアです。
リゾートホテルもいいですが、便利な都市エリアも悪くありませんよ

チェジュでゆっくりと過ごしたいなら、やはり大型のリゾートホテルがおすすめ。しかし、それらの多くは島の南側にある西帰浦市の「中文(チュンムン) リゾート」と呼ばれるエリアにあり、空港からは車で1時間以上離れた場所にあります。そこで、滞在日数が少ない人におすすめしたいのが、済州市内にある「タプトン」というエリアです(→P.62)。このあたりは空港から車で約10分とアクセスがよく、海もすぐ近く。周辺には東門市場や大型スーパー「emart」があり、買い物も楽しめます。また、センスのいい雑貨店やカフェ、パン屋さんなども徒歩圏内にあって観光にもGOOD。ただし、タプトンは古めのホテルが多いのでその点はご理解を。海に面した部屋がある「ラマダプラザ済州ホテル」や「オーシャン スイーツ チェジュホテル」などが人気です。

Jeju Island

Seoguipo

西帰浦エリア

| MAP/P148-149 |

島の南側にある、西帰浦(ソギポ)市はチェジュ島きってのリゾートエリア。
西帰浦市の中心地と、「中文(チュンムン)」と呼ばれるリゾートホテルが集まるエリアが栄えています。
おしゃれなカフェやバーが多いのもこの周辺です。

20.

Seoguipo

チュンシミネ 本店

춘심이네 본점

チュンシミネ ポンジョム

| MAP/ P148-B1 | RESTAURANT |

1.酢醤油に漬けた青唐辛子&玉ネギと一緒に。 2.骨はスタッフがきれいに外してくれる。 3.タチウオの注文は2人前から。 一番大きなワン（王）タチウオは午前中に売り切れることも。

トンカルチグイ（姿焼き）は2人前₩8万3000。一番小さいサイズでこの迫力！　おかずも豪華。

チェジュで食べたい魚といえば、やっぱりタチウオ

　特産品のカルチ（タチウオ）が食べられる店は島内にいくつもありますが、日本から家族や友達が遊びに来たときに私が必ず連れていくのがここ。本書に絶対載せたいと思っていましたが「取材は受け付けていない」と断られてしまい、何度も交渉し続けて紹介できることになりました。タチウオ料理といえば野菜と一緒に唐辛子やニンニクと煮たチョリム（煮つけ）も人気ですが、やっぱりおすすめは迫力満点の塩焼き。タチウオの味をシンプルに味わえて、ふんわりした身と、絶妙な塩加減がたまりません。お腹いっぱいになった後は2階のカフェに移動して、無料のドリンクがいただけます。

DATA

住 서귀포시 안덕면 창천중앙로24번길 16（西帰浦市 アンドクミョン チャンチョンチュンアン路24番キル 16）
電 064-794-4010　休 毎年11/16-17　営 11:00〜19:00（L.O.18:00）　C 可
@chunsimine_official

21.

Seoguipo

ククスパダ 本店

국수바다 본점

ククスパダ ポンジョム

| MAP/ P149-C1 | **RESTAURANT** |

チェジュ名物がいろいろ食べられる使い勝手のよい店。中央の皿は、刺し身がのった麺料理のフェククス₩1万7000。コチュジャンベースの甘酸っぱいタレと麺、野菜、刺し身をよく混ぜてどうぞ。

朝早くから行けるのがうれしい、ローカル食堂

リゾートホテルが点在する中文エリアは、朝から営業している食堂が意外と少なく、ホテル朝食以外の選択肢が限られています。そんななか、この店は朝から本格的な郷土料理が食べられる人気店。ここで試してほしいローカルフードは、ホンダワラという海藻を使ったスープ“モムクッ”です。瑞々しくシャキッとした歯ごたえが残る海藻と、少しとろみのある豚骨ベースの濃厚スープは、一度食べるとやみつきに。地味な見た目ですが、ごはんがすすむしっかり味。初めて食べたときは「なんでもっと早くこの料理に出会えなかったの!?」と驚き、2日続けて食べたほど大好きな一品です。

1.モムクッ₩1万3000。くせも少なく、日本人好みの味わい。赤い粉唐辛子を溶かしながら食べて、辛さを調節して。2.韓国風煮豚のスユク₩2万5000は、小エビの塩辛をつけて食べる。ほかにもコギククスや、ウニとアワビのククスなどチェジュ名物を使ったメニューも人気。3.席数が多いので、大人数での利用もOK。中文セクタルビーチから車で約5分の場所にある。

DATA

住 서귀포시 일주서로 982(西帰浦市 イルジュソ路 982)
電 064-739-9255　休 なし　営 8:00〜20:00　カ 可
◎ なし

22.

Seoguipo

チョンジッコル食堂

천짓골식당

チョンジッコルシクタン

| MAP/ P148-B4 | RESTAURANT |

地元出身の店主がふるまう郷土料理“トンベコギ”

韓国でゆで豚といえば“ポッサム”ですが、チェジュにはゆでた豚肉をまな板の上で切って食べるトンベコギ（まな板の方言「トンベ」にのったゆで豚の意味）という郷土料理があります。西帰浦毎日オルレ市場近くで30年以上続くここは、チェジュ産黒豚をふるまうトンベコギの有名店。肉の異なる味を楽しめるよう「やわらかい部分」「脂身多め」など好みを指定して注文でき、多くの人は焼酎と合わせて楽しんでいます。

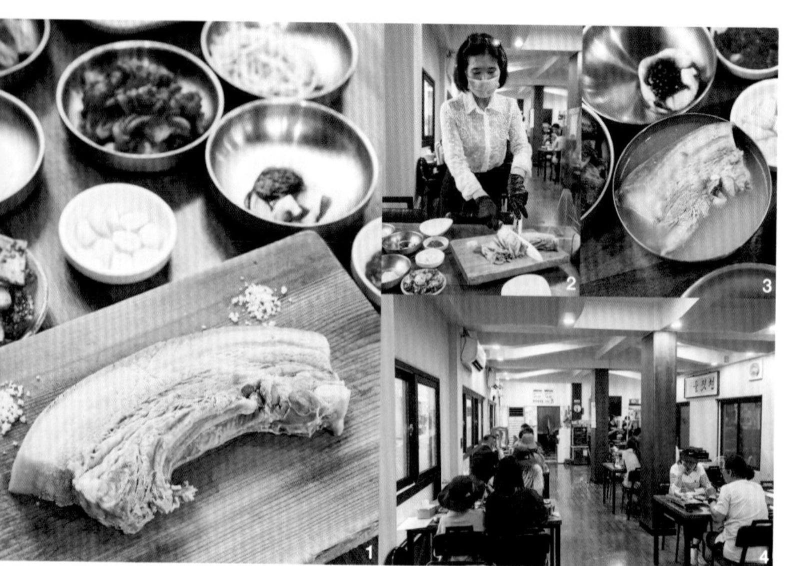

1.黒豚は600gで₩6万。**2.**オーナーのキム・ヒソンさん。各テーブルを回り、食べ方を説明。**3.**肉が冷めないよう、途中で熱々のスープに浸してくれる。**4.**高めの価格帯だが、地元民や観光客で開店後すぐに満席に。豚肉特有のにおいがツウにはたまらないそう。

DATA

住 서귀포시 중앙로41번길 4（西帰浦市 チュンアン路41番キル 4）
☎ 064-763-0399　休 日曜　営 17:10～21:30　C 可　◎ なし

23.
Seogwipo

ハヒョサルロン

하효살롱

ハヒョサルロン

| MAP/ P149-C4 | LOCAL FOOD |

みかんを使った韓国伝統菓子の手作り体験

小麦粉の生地を揚げ、蜜を塗り、ポン菓子をまぶした韓国伝統菓子“クァジュル”。甘すぎず素朴な味わいが魅力で、賞味期限も長いので、お土産にもおすすめです。チェジュでは生地にみかんの果汁を練り込み、みかんの蜜を塗って作ります。スーパーでも見かけるクァジュルですが、旅の思い出に手作りしてみては？ この施設ではクァジュルのほか、みかんタルト、オメギトック（餅菓子）などの手作り体験ができます。

1.みかんチップが入ったクァジュルの手作り体験は1人₩1万5000（2名～）。HPか電話で前日（最短2時間前で受付可能なときも）に予約を。**2.**体験は30分～1時間。手ぶらで参加OK。**3.**市販品のようにラッピングして完成。1人につき3個入り×3袋を持ち帰れる。

DATA

住 서귀포시 효돈순환로 217-8（西帰浦市 ヒョドンスナン路 217-8）
電 064-732-8181　休 日曜　営 9:00～18:00　C 可　@hahyomom_jeju

24.
Seoguipo

チェジュスロプタク 西帰浦オルレ市場店

제주스럽닭 서귀포올레시장점

チェジュスロプタク ソギポオルレシジャンジョム

| MAP/ P148-B4 | RESTAURANT |

甘酸っぱいみかん味が人気! チェジュのチキン専門店

チェジュスロプタ（チェジュらしい）＋タク（チキン）という名のとおり、チェジュらしいフレーバーが楽しめるチキン専門店。甘酸っぱいみかんソースを使った「みかんチキン」と、チェジュの玄武岩をイメージし、イカスミで色をつけた香ばしい「黒いチキン」とのセットメニューが大人気。ビール片手に、韓国人が大好きな「チメク（韓国語でチキン＋メクチュ＝ビールを組み合わせた造語）」をすると、韓国気分も高まります。

1.2種のセットメニュー₩2万8500、青みかんのビール₩6000。**2.**この店舗は店内で食事可能。**3.**島内に3店舗構える。西帰浦市内の本店はテイクアウトのみ。済州市内にも1店舗あり。

DATA

住 서귀포시 태평로 396（西帰浦市 テピョン路 396） ☎ 064-763-8110 休 なし
営 13:00～翌1:00（土・日曜14:00～） C 可 @jejusluv.dak

中文エリアのごはん事情

中文（チュンムン）リゾートエリアにあるホテルに滞在するときは
朝晩の飲食店探しに、案外苦労するかもしれないので気をつけて

ホテルが立ち並ぶ中文エリアですが、意外なことに周辺には朝早くや夜遅くに営業している飲食店が多くありません。素泊まり宿泊の場合は、「朝食/夕食難民」にならないよう気をつけてください。私の家族や友人が食事なしのホテルに滞在するときは、9～10時頃から営業するパン屋さんやカフェなどへ行くことが多いです。もしくは前日にスーパーで買った食品や果物や、飲食店でテイクアウトしておいたものを翌朝食べるのも手。夕飯も同様で、観光に出かけた帰り道にテイクアウトするのもおすすめです。韓国ではチキンやキンパのほかにも、麺類やお粥など大抵の料理は持ち帰り可能。メニュー名に加えて「포장해 주세요（ポジャンへ ジュセヨ＝包んでください）」と言えばOKです。

レンタカー利用者が多いため、テイクアウトできるクラフトビールも人気。「Jeju Beer Fountain」（→P.82）

テイクアウトの代表格といえばチキン。「[illegible]」（→P.72）では箱に入れて持ち帰れる。

25.

Seogwipo

Veke

베케

ベケ

| MAP/ P148-B4 | CAFE |

スプリンクラーで散水される時間は、水滴がキラキラ光って息を呑むほど美しい。

庭師が手がける、森の中の美術館のようなカフェ

約30年間、庭師として韓国内の庭園や植物空間を手がけてきたオーナーが、「石垣が主人公になる空間」をコンセプトに完成させた庭園カフェ。「ベケ」とはチェジュの方言で、農作業時に出てくる小さな石を積み上げた石垣を意味しています。カフェの大きな窓からは庭が望め、石垣と共生する植物は絵画のような美しさ。うつろいゆく時間と共に表情を変えるので、一日中眺めていたくなるほどです。季節ごとの美しさがありますが、花や植物が芽吹く春が特におすすめとのこと。庭をイメージして作られた、オリジナルのハーブティーも提供しています。

1.訪れたら、ぜひ窓の正面から石垣の庭を眺めてみて。**2.**モクレン、ミント、白茶をブレンドしたハーブティー「ベケブリーズ」₩7500。**3.**散策もできる広い庭園。屋外席もあり。

DATA

住 서귀포시 효돈로 54(西帰浦市 ヒョドン路 54)
電 064-732-3828 休 火曜 営 10:00〜18:00 C 可
@jeju_veke

26.

Seoguipo

The Cliff

더클리프

ダ クリプ

| MAP/ P149-C2 | **CAFE & BAR** |

リゾート感のあるアルコール類が揃う。チェジュエール₩1万1000、カクテル「セクタルビーチ」₩1万7000、クリフココナッツ₩1万2000。カクテルはノンアルコールでも注文可。

昼はリゾート感満点のカフェ、夜はDJバーが楽しめる

西帰浦を代表する美しいビーチ「中文セクタルビーチ」を一望できるオーシャンビューのカフェ＆バー。晴れた日の日中は小さな子ども連れの家族から年配の方まで、幅広い年齢層の人々が訪れます。特に屋外にずらりと並んだソファ席が人気で、海を眺めながらのんびりと過ごしたり、目の前のビーチを散歩したりするのもおすすめです。夜になると雰囲気が一変。店はNO KIDSゾーンとなり、20〜30代の若者を中心に、夜遅くまでDJと共に盛り上がります。夜も静かに過ごしたいという人は、建物内の一部屋にあるラウンジへどうぞ。ここではゆっくりお酒を飲みながら楽しめますよ。

1.店内も屋外も席数が多い大型のカフェ&バー。ぜひ天気がいい日を狙って訪れて。**2.**アルコール以外にも、カフェメニューやスイーツ、ピザやパスタなどのフード類も充実。フードは11時30分からの提供。**3.**ラウンジはムーディーで落ち着いた雰囲気。

DATA

住 서귀포시 중문관광로 154-17（西帰浦市 チュンムングァングァン路 157-17）
電 064-738-8866　休 なし　営 10:00〜翌1:00、金・土・日曜〜翌2:00　C 可
@thecliffjeju

27.

Seoguipo

Monocle

모노클

モノクル

| MAP/ P149-D3 | CAFE |

広大な庭園があるカフェで、自家製の焼き菓子を

素敵な空間で、おいしいスイーツをいただける穴場のカフェ。周辺に観光地がなく、ややアクセスしにくい場所にあるのですが、私はいつもゆっくりしたいときに訪れています。お目当ては、店内のオープンキッチンで焼き上げる本格的な焼き菓子。カヌレやパウンドケーキ、スコーン、マドレーヌなどが常時15種類以上並び、なかでも私のお気に入りはイチジクのパウンドケーキとレッドベルベットチーズケーキ。並ぶお菓子は日によって変わりますが、どれもクオリティが高いです。韓国グルメ界のミシュランともいえる「ブルーリボンサーベイ」も受賞しています。

1.オレンジシャーベットをのせたスパークリングハイビスカスアイスティー₩7000。**2.**みかん農場だった土地に建てられたカフェ。100年もののグランドピアノがあるシックな店内と、開放感のあるテラス席（→P.65写真）を選べる。**3.4.**焼き菓子が並び始めるのは毎日11時ごろから。

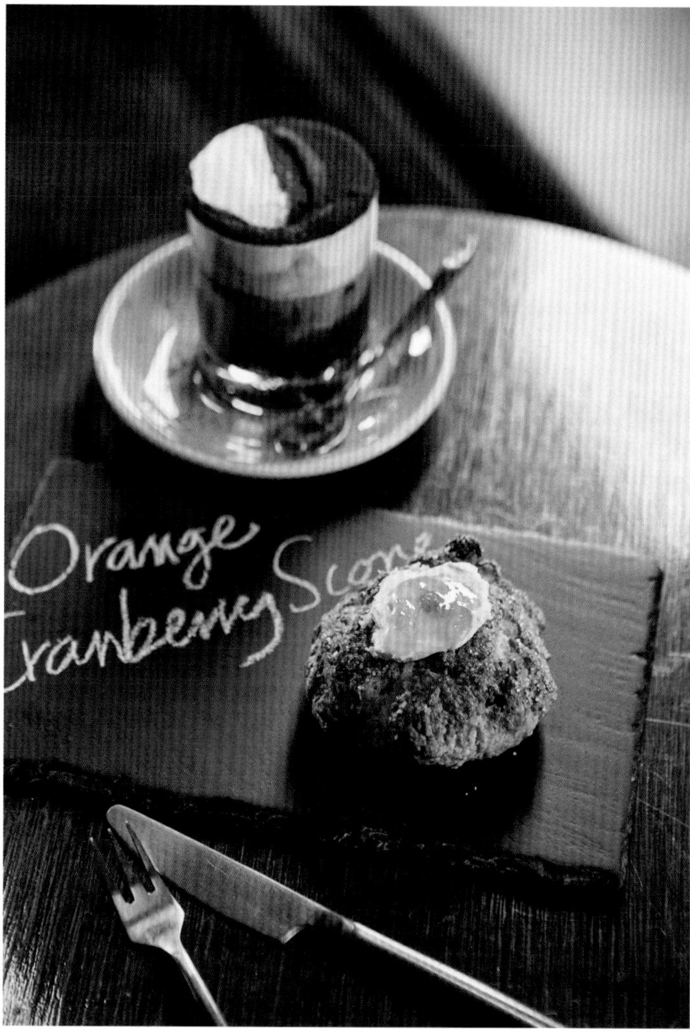

オレンジクランベリースコーン₩4500、コーヒーにクリームを浮かべたアインシュペナー₩6000。デコレーションは食品用チョークで。屋外利用時はテイクアウト容器での提供。

DATA

住 서귀포시 남원읍 태위로360번길 30-8(西帰浦市 ナムォンプ テウィ路360番キル 30-8)
電 070-7576-0360　休 なし　営 10:00〜18:30(L.O.18:00)　C 可
◎ @monocle_jeju

28.

Seogwipo

Vadada

바다다

パダダ

| MAP/ P149-C2 | CAFE & BAR |

どこからでも海が見える店内。
晴れた日はテラスや屋上も人気。

海を眺めながらゆったり過ごす、オーシャンビューのカフェ&バー

「パダ」とは海の意味で、このカフェに到着すると、目の前に海が広がる光景に思わず「海だ（パダダ）！」と声が出るロケーション。海沿いに松の木が生えているのが、韓国らしい風景です。スタイリッシュな外観で敷居が高く見えるかもしれませんが、赤ちゃん連れから、年配の方まで幅広い年代の人が訪れます。昼はオーシャンビューのモダンなカフェ。日が暮れ始めるとライティングや音楽が変わり、バーの雰囲気に一変。カクテルをはじめ、さまざまなお酒が楽しめます。お気に入りの一杯を片手に、夕焼けに染まりゆく海を眺める時間を堪能して。

1.敷地内にプールヴィラもオープン予定で、ますますホットプレイスになる予感。 **2.**窓が大きく開放感のある店内。 **3.**ジューシーなエビカツにピリ辛ソースを合わせたシュリンプバーガー₩1万8000。 **4.**カクテルは₩1万2000〜。ノンアルコールのエイドメニューも充実。

DATA

서귀포시 대포로 140-15(西帰浦市 大浦路 140-15)
064-738-2882　なし　10:30〜19:00(L.O.18:30)　可
@vadada.jeju

29.

Seoguipo

Jeju Beer Fountain オルレ市場店

제주약수터 올레시장점

チェジュヤクスト オルレシジャンジョム

| MAP/ P148-B4 | BAR |

ユニークな名前のビールも多数。注ぎたての一杯を楽しんで

テイクアウトも可能! チェジュで作るクラフトビール

ローカルクラフトビールや、この店オリジナルのビールなど常時14種類を揃えるクラフトビール専門店。大衆店では購入できない、珍しいビールが生で味わえます。酸味、甘み、香りなど好みのタイプを伝えると、おすすめのクラフトビールを紹介してもらえるので、ぜひ気になるものはお試しを。1人だと2種類、2人だと3種類、3人以上だと1人1種類を試飲させてもらえる、うれしいシステムです。ビールは専用のボトルに入れてテイクアウトも (→P.73)。常温で3日間、冷蔵で7日間保存できます。ホテルへ持ち帰って、部屋でゆっくり楽しむのもいいですね。

1.気さく&丁寧にビールの説明をしてくれた代表のパク・ギュサムさん。**2.**店舗によって取り扱うビールが異なる。1杯₩7200〜。**3.**ここオルレ市場店は、市場内で購入した惣菜や海鮮類などフードの持ち込みOK。徒歩3分ほど離れた本店はフードメニューがあり、そちらは持ち込みNG。

DATA

住 서귀포시 중앙로48번길 10（西帰浦市 チュンアン路48番キル 10）
電 0507-1344-6632　休 なし　営 13:00〜22:00（テイクアウトL.O.22:00、店内L.O.21:30）　C 可
@jeju_beer_fountain

Jeju Sightseeing

癒やしの自然スポット

チェジュに来たら、自然に囲まれるヒーリング旅も楽しめます。
天気のいい日に訪れて、疲れた心を癒やしてみてはいかがでしょうか？

空気が澄んでいて気持ちいい

中文にあってアクセスしやすく、３つの滝をつなぐ緑の散策コースになっているのでウォーキングにもおすすめ。アーチ型の橋は「仙臨橋」と呼ばれ、仙女たちが夜に天から降りてきてこの滝で沐浴をしたという伝説も。正房瀑布、天地淵瀑布とあわせて三大瀑布といわれています。

天帝淵瀑布

천제연폭포／チョンジェヨンポッポ

DATA ▶MAP/P149-C1

住 서귀포시 천제연로 36-24（西帰浦市 チョンジェヨン路 36-24） 休 なし
営 9:00〜18:00（日没時間によって変動）
料 大人₩2500、子ども₩1000
※2023年7月中旬まで工事中のため観覧不可

ここも行ってみて！

正房瀑布

정방폭포／チョンバンポッポ

▶MAP/P148-B4

海に直接落ちる、珍しい滝として有名。下から見上げる滝の迫力は圧巻。周辺は岩や石なので、必ず歩きやすい靴で。

住 서귀포시 칠십리로214번길 37（西帰浦市 チルシムニ路 214番キル 37）
休 なし 営 9:00〜18:00（日没時間によって変動）
料 大人₩2000、子ども₩1000

天地淵瀑布

천지연폭포／チョンジヨンポッポ

▶MAP/P148-A4

入り口から滝のある場所まで、渓谷に沿って1kmほど散策が楽しめます。夜は滝周辺がライトアップされて幻想的な雰囲気。

住 서귀포시 남성중로 2-15（西帰浦市 ナムソンジュン路 2-15）
休 なし 営 9:00〜22:00（入場締切21:20）
料 大人₩2000、子ども₩1000

ダイナミックな砂岩層

数千万年かけて堆積した砂岩層が風や波の侵食を受け、複雑な海岸線になっています。二つのコースがあり、第1コースは往復20分、第2コースは往復40分程度。海岸沿いは濡れてもいい服装＆靴が必須。高確率で海女さんに遭遇でき、近くの海女小屋では海鮮物が食べられます。

ヨンモリ海岸

용머리해안／ヨンモリヘアン

DATA ▶MAP/P148-A2

住 서귀포시 안덕면 사계리 112-3(西帰浦市 アンドンミョン サゲリ 112-3)　休 なし
営 波や満潮時間によって変更・入場制限があるため当日」9:00以降電話で要問い合わせ(064-794-2940)　料 大人₩2000、子ども₩1000

中文の天然記念物

約14～25万年前に溶岩が海に流れて冷却されたことで、柱状に形作られた溶岩石。自然の偉大さが感じられる恵まれた資源として、2005年に天然記念物に指定されています。

大浦柱状節理帯

대포주상절리대／テポジュサンチョルリデ

DATA ▶MAP/P149-C2

住 서귀포시 이어도로 36-30(西帰浦市 イオド路 36-30)　休 なし　営 8:00～18:30(季節により異なる)　料 大人₩2000」、子ども₩1000
※2023年7月末まで工事中のため観覧不可

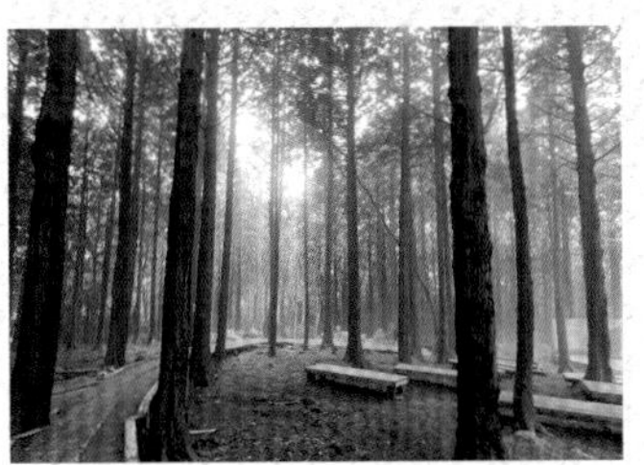

緑の中で森林浴を楽しんで

マイナスイオンたっぷりの森林散策コースがあり、静かに木々を眺めて心を癒やす「森林セラピー」ができる森。ドラマ「愛の不時着」のロケ地としても注目度が上がっています。

西帰浦治癒の森

서귀포 치유의숲／ソギポチユウィスプ

DATA ▶MAP/P148-A3

住 서귀포시 산록남로 2271(西帰浦市 サンロクナム路 2271)　休 なし　営 8:00～18:00(季節により異なる)　料 大人₩1000、子ども₩600

Jeju Sightseeing

チェジュで楽しみたいアクティビティ

自然豊かなチェジュでは、屋外でアクティビティをして過ごすのも人気です。
当日参加できるアクティビティも多いので、気軽に参加してみて。

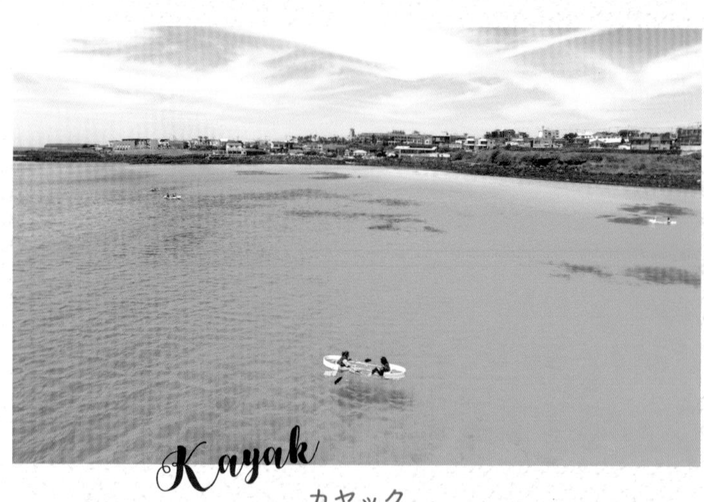

Kayak
カヤック

夏の透き通った海を堪能するなら、カヤックがおすすめ。私のお気に入りスポットは島東部のウォルジョンリ周辺の海から乗れるカヤックです。サービスを提供している会社はいくつもあり、大抵は予約不要で当日参加OK。服装もそのままで大丈夫です（場所によってはレインコートなど貸してもらえます）。底が透けて見える「透明カヤック」が一般的です。

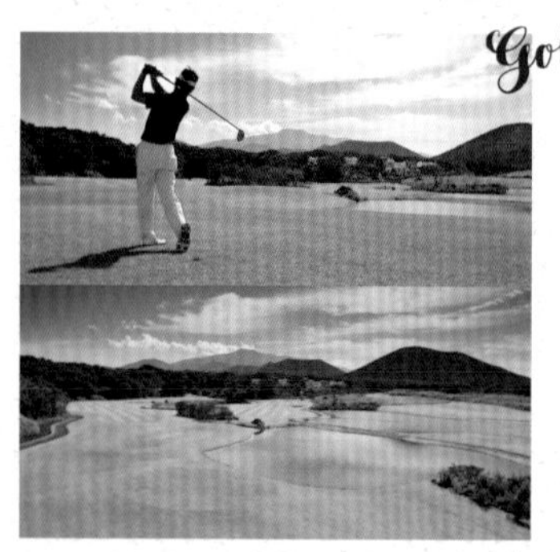

Golf
ゴルフ

最近の韓国はゴルフブームで、多くの旅行客がゴルフを楽しんでいます。天気をみて3〜4日前には予約するのがベター。悪天候時は違約金なしでキャンセル可能なところが多いので、予約時に確認を。チェジュは風が強いこともお忘れなく！

Horse riding

乗馬

海辺や草原での乗馬も人気ですが、私のおすすめは森を走るコース。写真撮影してもらえるツアーも多いです。服装は脚を広げられるパンツスタイルがベスト。長靴をレンタルできるところも。前日までに予約が◎。

Climbing

登山

代表的な登山といえば漢拏山(→P.141)。複数コースがあり、初心者には霊室(ヨンシル)コースが人気。山頂まで行けるコースは上級者向けなので、登山に慣れていないとキツいかも。季節ごとの景色が楽しめます。

Trekking

オルレウォーキング

オルレとはチェジュの言葉で「道から家までの狭い路地」で、トレッキングコースのこと。島内に27コースあり、私も運動がてら1時間程度、コースの一部のオルム(丘)を歩くことも。受付は不要で、散歩感覚で楽しめばOK。

オルレコースの入り口はこれを目印に

自然の中を歩いていると、こんな矢印の標識を見かけるかも。青色はゴール方向、オレンジ色はスタート方向を指します。枝に結ばれたリボンもコースの目印。

スタート→ゴールを歩いても、その逆でも◎。

Jeju Sightseeing

現代アート巡りも楽しい!

写真映えする、話題のアートスポットが点在しているチェジュ。
天気に左右されず室内で楽しめるので、雨天時の観光スポットとしてもおすすめ。

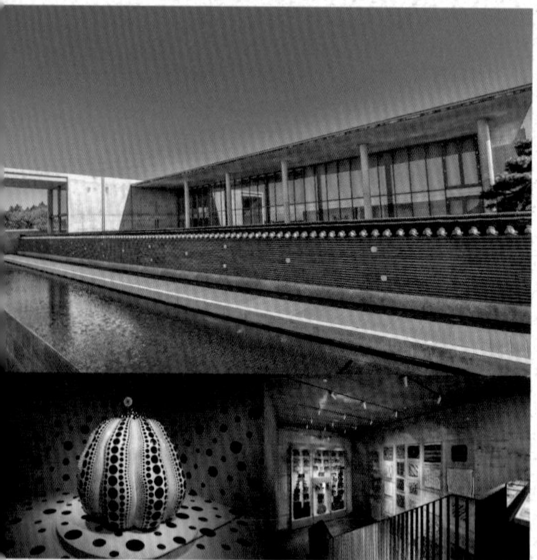

安藤忠雄設計の建築も必見

草間彌生の常設作品をはじめとした現代アートのほか、韓国の伝統的な民芸品や仏像・仏具なども展示している美術館。建築家・安藤忠雄が手がけた建物はチェジュの自然と調和していて、敷地内を散策するだけでも楽しめます。

bonte museum

본태박물관／ポンテミュジオム

DATA ▶MAP/P150-B4

住 서귀포시 안덕면 산록남로762번길 69（西帰浦市 アンドンミョン サンロンナム路762番キル 69） 電 064-792-8108 休 なし 営 10:00～18:00 料 大人₩2万、小・中・高校生₩1万4000、未就学児₩1万、3歳以下無料 C 可

Photo ©TMONET

名画の世界に入り込める

フランスの体験型メディアアートAMIEXを体験できる施設。名画が壁や床に投影され、絵の世界に入ったような感覚に。2023年10月15日まで「Cezanne, The Lights of Provence」を開催。

Bunker des Lumières

빛의 벙커／ピチェ ボンコ

DATA ▶MAP/P151-D2

住 서귀포시 성산읍 고성리 2040-1（西帰浦市 ソンサンウプ コソンニ 2040-1） 電 1522-2653 休 なし 営 10:00～17:30（最終入場16:40） 料 大人₩1万8000、14～19歳₩1万3000、8～13歳₩1万、4～7歳₩8000、3歳以下無料 C 可

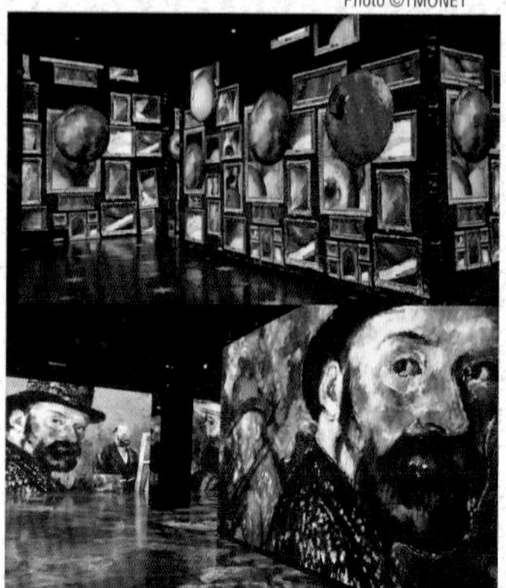

Creative Director: Gianfranco Iannuzzi Created by Gianfranco Iannuzzi, Renato Gatto and Massimiliano Siccardi. Graphic & Animation Design: Cutback

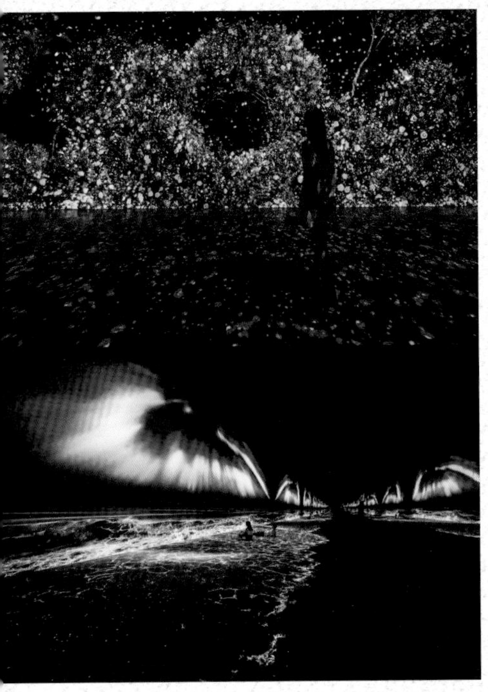

没入型のデジタルメディアアート

スピーカー工場だった敷地に誕生したデジタルアートミュージアム。床面積1400坪、最大高さ10mと韓国内のデジタルメディアアート展示としては最大級規模。視覚的だけでなく、音や香りの演出もあるので没入体験ができます。自然がテーマの10作品が展示されていて、すべて鑑賞するには1時間半は必要です。

ARTE MUSEUM

아르떼뮤지엄／アルテミュジオム

DATA ▶MAP/P150-B2

住 제주시 애월읍 어림비로 478(済州市 エウォルプ オリムビ路 478) 電 064-799-9009 休 なし 営 10:00～20:00(最終入場19:00) 料 大人₩1万7000、14～19歳₩1万3000、8～13歳₩1万、4～7歳₩8000、3歳以下無料 C 可

注目度が高まるミュージアム

BTSのジミンが旅行中に訪問したことで一躍有名に。地球の生態環境と人類の共存を考え、社会から疎外された人々の声に耳を傾けるという空間です。2023年7月3日まで「私たちが愛で YET, WITH LOVE」を開催。

PODO museum

포도뮤지엄／ポドミュジオム

DATA ▶MAP/P150-B3

住 서귀포시 안덕면 산록남로 788(西帰浦市 アンドンミョン サンロンナム路788) 電 064-794-5115 休 火曜 営 10:00～18:00 料 大人₩1万、学生₩6000、12歳以下₩4000、3歳未満無料 C 可

Column.8

バスやタクシーはアプリを活用

韓国語が分からなくても、便利なアプリを活用すればOK。
バスやタクシーに乗ることはそんなに難しくありません

便利な「Googleマップ」ですが、韓国ではルートや所要時間を調べる機能は一部非対応。そこで、韓国滞在中はスマホに「NAVERマップ」のアプリを入れておくのがおすすめです。操作感覚がGoogleマップに似ているうえ、日本語対応なのもうれしいポイント。バスに乗りたいときは現在地と目的地を入力して検索すると、乗るべきバスの番号や到着時間、料金が表示されます（ただし時間通りにバスが来ないことも……）。また、タクシー利用時は「Kakao T」（名称はカカオタクシー）という配車アプリが便利。こちらも日本語対応で、配車時に目的地を入力します。伝達ミスや時間ロスが防げるうえ、料金と所要時間の目安も分かるので安心です。タクシー運転手さんは韓国語以外話せないことが多いので、困ったときは「Google翻訳」や「Papago」など翻訳アプリを。カメラで撮影した画像から、ハングルの案内板や看板などを翻訳できる機能もあります。

田舎道のバス停はこちら

街なかではベンチや電光掲示板が設置されているバス停が一般的。人の少ない田舎道では看板だけのバス停なので見逃さないように。

Jeju Island East Side

東エリア

MAP/ P151

島の東部にある世界遺産・城山日出峰を目指すコースがおすすめ。
海に沿って走る1132号線は、天気のいい日のドライブルートとしても楽しめます。
ハムドクビーチやウォルジョンリビーチなどの周辺には飲食店も多数点在。

30.

East Side

スノギネミョンガ 咸徳店

순옥이네 명가 함덕점

スノギネミョンガ ハムドクジョム

| MAP/ P151-C1 | **RESTAURANT** |

チョンボク（アワビ）ムルフェ₩1万6000。たっぷり3個分のアワビの刺し身と、ウニが入っているのでとても豪華。セットで付くごはんは新鮮なアワビの肝を入れて炊いていて、コクのある味わい。

ピリ辛で甘酸っぱい、爽快感のある“ムルフェ”

すっきりとした冷たいスープに、刺し身と野菜が入った“ムルフェ”。「ムル」は水、「フェ」は刺し身の意味で、食欲が落ちるような暑い日でもさっぱりといただけることから、韓国では夏によく食べる料理です。スープはコチュジャンやテンジャン(味噌)、酢で味付けされていて、アワビの下には細切りのキュウリやキャベツ、ワカメなどの海藻がたっぷり。見た目は真っ赤ですが、そんなに辛くないので安心してくださいね。実は、この店は社長さん自身が海女さん。自ら海で採ってきた新鮮な魚介類を使っており、ウニワカメスープやアワビのお粥、海鮮鍋などさまざまな海鮮料理が味わえます。

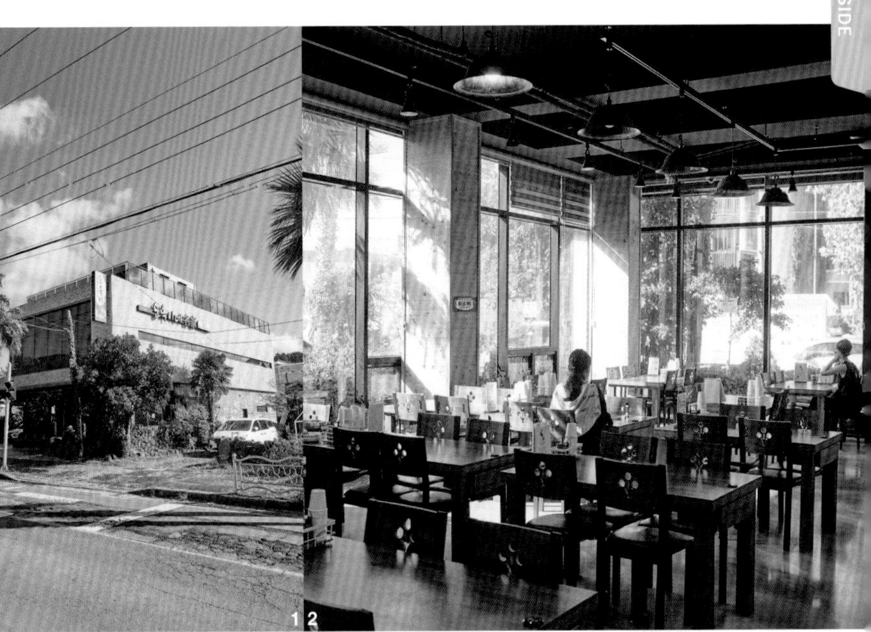

1.創業30年の海鮮専門店。ハムドクビーチまでは徒歩約6分と好アクセスなので、観光前後に立ち寄りやすい。**2.**大きな窓ガラスで開放的な店内。空港から車で約10分の場所には本店があり(住所：제주시 도공로 8)、同じメニューが食べられるのでチェックしてみて。

DATA

住 제주시 조천읍 함덕로 6（済州市 チョチョンプ ハムドク路 6） 電 064 784 4813 休 第1・3水曜
営 9:00〜15:30、17:00〜21:00(L.O20:00) C 可
◎ なし

31.
East Side

ヘッサルガトゥクトルタムチプ

햇살가득돌담집

ヘッサルガトゥクトルタムチプ

| MAP/ P151-C1 | **RESTAURANT** |

蒲焼き風に焼いたうなぎを、有機野菜で包んで韓国式に

韓国にもうなぎ料理というのがあり、網でふんわり香ばしく焼いたものを香味野菜や調味料と一緒に食べるのが一般的。うなぎの味付けはコチュジャンまたは醤油ベースのタレが多いですが、この店は蒲焼き風の甘めのタレ。80歳を超える私の祖母の口にも合う、日本人好みの味わいです。厨房の網で焼かれたうなぎは、鉄板で提供。千切りしょうが、ガリ、ニンニクなどをのせて、好みでコチュジャンやサムジャン（韓国味噌とコチュジャンを混ぜた調味料）をつけて、葉野菜で包んで食べます。日本のうな重とはまた違う、新しいうなぎの食べ方にぜひ挑戦してみて。

1.サンチュやエゴマの葉など、野菜の70%以上は自家栽培の有機野菜。**2.**座敷席のほかテーブル席もあり、大人数でもOK。うなぎ以外には、甘辛く味付けをした黒豚の定食も人気メニュー。**3.**社長自ら漁を行い、自社で干物にするほどこだわりのサバ。味が濃く、皮はパリッとして身はふんわり。**4.**一軒家の店構え。地元民の宴会や会食でもよく使われる。ハムドクビーチまで車で約2分。

ミルムチャンオヤンニョムグイ定食1人前₩2万1000（2人前〜）はチゲやサバの塩焼きなども並ぶ豪華なセット。季節のおかずはおかわりしたくなるおいしさ。自家製の野菜入りサムジャンも絶品！

DATA

住 제주시 조천읍 함덕로 25-1（済州市 チョチョンウプ ハムドク路 25-1）
電 064-784-2200　休 なし　営 11:00〜22:00　C 可
Instagram なし

32.

East Side

パダエチプ

바다의집

パダエチプ

| MAP/ P151-D2 | **RESTAURANT** |

朝採れの新鮮ウニを、たっぷりの野菜とビビンバで

チェジュのローカル食材にこだわる、カフェのような定食屋さん。海女さんが海に潜って採り、一つ一つ手作業で殻から身を取り出したという生ウニを、ぜいたくにたっぷりのせたビビンバが絶品です。チェジュのウニは卵が小さめで、味が凝縮されているのが特徴だそう。濃厚なウニがほかほかのごはんに溶けて、クリーミーな味わいに。シャキシャキ食感の野菜と混ぜていただきます。もう一つの人気メニューは、チェジュ産の新鮮な生アワビだけを使うアワビの漬け定食。だし醤油に漬けて1日熟成させたアワビは身がやわらかく、噛むほどに甘みが広がります。

1.一人でも利用しやすい、明るい店内。**2.**この看板を目印に。世界遺産の城山日出峰まで車で約6分の場所にあるので、観光の前後に立ち寄っても。**3.**アワビはスプーンで殻から外した後、ハサミで食べやすい大きさにカット。**4.**チョンボクジャンチョンシク（アワビの漬け定食）₩1万5000。

ソンゲ（ウニ）ビビンバ₩2万2000。「ビビン＝混ぜる」という意味のとおり、全体をよく混ぜてからめしあがれ。チェジュのビールやマッコリなど酒類も扱っているので、一緒に楽しんでも。

DATA

住 서귀포시 성산읍 [illegible] 236（西帰浦市ソンサンウプ[illegible]路 236）　カード 可
電 064-784-8882　休 水曜　営 9:00～16:00（L.O.15:50／材料がなくなり次第終了）
@badaui_jip

33.

East Side

ソンミガーデン

성미가든

ソンミガドゥン

| MAP/ P145-C2 | **RESTAURANT** |

しゃぶしゃぶ 小₩6万5000。2〜3人前のボリューム。

一匹丸ごと味わい尽くす。韓国でも珍しい鶏しゃぶしゃぶ

韓国には多くの鶏料理がありますが、そのなかでも珍しい鶏のしゃぶしゃぶ専門店。提供するのは近くの養鶏場で当日しめられた新鮮な鶏肉で、ムネ肉・砂肝・皮をセリやネギと一緒にしゃぶしゃぶして楽しみます。丸ごと一匹味わってもらいたいという気持ちから、骨ごと煮込む“ペクス”や、鶏だしのお粥まで出てくるコース仕立てに。しゃぶしゃぶを提供するようになった経緯は、ムネ肉は長時間調理するとパサつきやすいからだそう。「すぐに提供でき、お腹を満たせるのもいいでしょ」と笑う店員さんの言葉に、韓国の「パリパリ（早く早く）文化」が感じられます。

1.山の麓にあり観光地からアクセスするには不便だが、わざわざ足を運ぶ人も多い。**2.**最後に出てくるお粥は、緑豆がたっぷり。**3.**テーブル席のほか座敷席も。**4.**緑豆や高麗人参、ニンニクなどで煮込んだペクス。鶏のだしを吸ったジャガイモが絶品で、これ目当ての人もいるとか。

DATA

住 제주시 조천읍 교래1길 2(済州市 チョチョンウプ キョレ1キル 2)
電 064-783-7092　休 第2·4木曜　営 11:00～20:00　C 可
Instagram なし

34.
East Side

満月堂

만월당

マノルダン

| MAP/ P151-D1 | **RESTAURANT** |

1.民家を一部そのまま残して改装している建物。場所はウォルジョンリビーチから徒歩約5分。**2.**店の人気No.1、チョンボク（アワビ）リゾット₩2万500。ひじき入りで、チーズの濃厚な味がくせになる。奥は大迫力のメウントルムノ（辛口タコ）パスタ₩2万500。**3.**タクセウロゼパスタ₩2万500。

アンティークな空間で、地元の海鮮イタリアンに舌鼓

地元食材×イタリアンのフュージョン料理を出すこの店では、チェジュの特産品であるタクセウ（ミナミアカザエビ）を使ったトマトクリームパスタを食べることができます。うまみが強く、いいだしが出ることから刺し身やスープとして食べることの多いタクセウですが、殻がとてもかたいので、家庭ではあまり登場しない食材。しかしエビとカニの中間のような食感で、しっかりした甘みが凝縮されていて、味は格別なのです。クリーミーなパスタソースとも相性抜群。殻をむくときはケガしないように気をつけて。頭としっぽを先に外して、お箸で身を押すと簡単に外れるそうですよ。

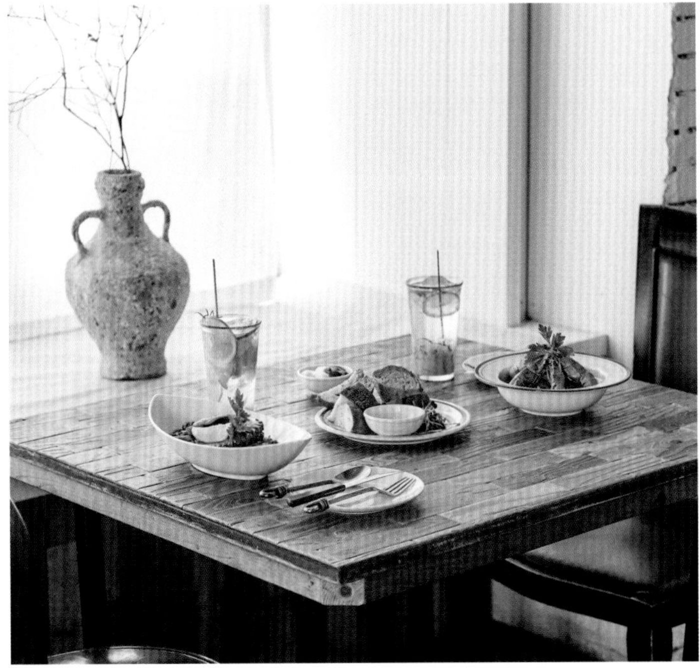

ハルラボンエイドや青みかんエイド、ニンジンジュースなど、チェジュ食材を使ったドリンクも充実。各₩6000。店内はリノベーションされていて、70年代のアンティークな雰囲気。

DATA

住 제주시 구좌읍 월정1길 56（済州市 クジャウプ ウォルジョン1キル 56）
電 064-784-5911　休 なし　営 11:00～L.O15:00、17:00～21:00（L.O19:00）　C 可
@manwoldanginjeju

35.
East Side

ミンギョンイネオドゥンポ食堂

민경이네어등포식당

ミンギョンイネオドゥンポシクタン

| MAP/ P151-D1 | **RESTAURANT** |

豪快にバリバリ解体！　甘辛ソースのクロソイの姿揚げ

メバル科の白身魚、ウロク（クロソイ）。大きなサイズはスーパーで見かけることは少なく、家庭ではあまり食べられない魚です。"チョリム"と呼ばれる煮込みで提供している店はありますが、姿揚げは珍しいと思い、こちらに初訪問。以来、香ばしさと甘辛いソース、バリバリした食感がくせになりました。店のスタッフが手袋をはめて豪快に解体してくれる様子は、思わず歓声をあげたくなるような迫力です。真っ赤なソースは辛そうで心配になるかもしれませんが、甘辛な感じで、辛いものが苦手でも食べやすいのでご安心を。ごはんやビールがすすむ味です。

1.ウロクチョンシク（クロソイ定食）1人前₩1万8000（2人前～）。姿揚げのほか、数種類のおかずとテンジャンチゲが付いたセット。**2.**一匹丸ごと豪快に揚げられる。**3.**目の前は海！　腹ごなしに散歩するのもおすすめ。**4.**ムルフェ₩1万6000や、アワビ粥₩1万5000なども揃う。

スタッフがきれいに骨から身を外してくれるので、食べやすいのがうれしい。食べられないためよけてくれる部位以外は、尾びれまで丸ごと食べてOK。赤いソースのレシピは企業秘密とのこと。

DATA

住 제주시 구좌읍 해맞이해안로 830(済州市 クジャウプ ヘマジヘアン路 830)
電 064-782-7500　休 木曜　営 9:00〜14:00、14:30〜19:00(L.O.18:15)　C 可
@minkyoungs_restaurant

Column.9

Jeju Island

ウォルジョンリ カフェ通りへ

島の東部へ行くときに立ち寄ってほしいのがウォルジョンリ カフェ通り。
有名なビーチ沿いにカフェが立ち並ぶ、地元では人気のストリートです

天気がいい日に「癒やされたいな」「海を見てのんびりしたいな」という気分で行くのが、ウォルジョンリビーチ（月汀里海水浴場）沿いのカフェです。海が見えるカフェは島内のあちこちにあるのですが、ほかのビーチは観光客でにぎわっていることが多く、「ゆっくりする」とはちょっと違うことも。ウォルジョンリ周辺も観光地ですが、カフェの数が多いせいか比較的ざわついておらず、落ち着いた雰囲気を楽しめます。城山日出峰を登った後や、海遊びをした後の休憩にもぴったり。市内に戻るときにハムドクビーチあたりの飲食店に寄って帰ると、一日のコースを作りやすいと思います。

海の色が美しい人気のビーチ。サーフィン教室が開催されているので、ここでアクティビティ&カフェを楽しむのも◎。

チェジュの美しいビーチ3選

島内で特に美しいといわれ
人気なのが、この3つのビーチ。
チェジュは常夏ではないので
海の色は夏がダントツにきれいです

Spot 1

ヒョプチェビーチ

白い砂浜で、夏は薄めのターコイズブルーになる。浅瀬で子連れも多く、足だけ海に入るなどしやすいビーチ。夕焼けがきれいに見えるのも特徴。隣接しているグムヌンビーチもおすすめ。

▶ MAP/P150-A2

Spot 2

ハムドクビーチ

済州市内から近くアクセスしやすい。白い砂浜と玄武岩が特徴。芝生の広場があるのでピクニックをするのも◎。ヒョプチェビーチに比べて波が高く狭いが子ども連れも多い。

▶ MAP/P151-C1

Spot 3

ウォルジョンリビーチ

白い砂浜と風車の景色が特徴。夏の海の透明度が抜群で、サーフィン教室や、近くのキムニョンビーチ（左の写真）にかけての透明カヤックなど、手ぶらでできるアクティビティが豊富

▶ MAP/P151-D1

36.
East Side

Balmy Island

바미아일랜드

パミアイルレンドゥ

| MAP/ P151-D1 | CAFE |

目の前がビーチ！ 眼下に青い海が広がる絶景カフェ

島内でも特に美しいウォルジョンリビーチを眺めながら、ゆっくり過ごしたい人におすすめのカフェ。天気のいい日にサーフィンをしている人を眺めつつ、のんびりするのは幸せな時間です。おすすめは韓国式のかき氷“ピンス”。ふわふわのミルク氷と、爽やかなハルラボン（デコポン）がマッチして、夏を感じる味わい。小豆がトッピングされた定番の“パッピンス”もあります。チェジュ産の牛乳を使ったラテや、工夫を凝らしたデザートメニューも人気。日中エメラルドグリーンなビーチは、18時～20時ごろのサンセットタイムも美しく、違った雰囲気を楽しめます。

「おいしいデザートと一緒に、心地よい時間を過ごしてほしい」と運営中。

1.建物はウォルジョンリビーチに面して窓が大きく開いていて、特におすすめは2階席からの景色。**2.**ハルラボンピンス₩7000。ピンスは冬季は販売しない日もあるそう。ちょっと小さめで1人分の食べきりサイズなのがうれしい。**3.**炭酸のエイド系ドリンクは₩7000〜。

DATA

住 제주시 구좌읍 해맞이해안로 474-1(済州市 クジャウプ ヘマジヘアン路 474-1)
電 064-782-4741　休 なし　営 9:30〜20:00、土·日曜〜21:00　C 可
◎ なし

37.

East Side

Cafe 5 gil

카페오길

カペ オギル

| MAP/ P151-D1 | CAFE |

1.フルーツスフレパンケーキ₩1万8500。季節限定メニューも。**2.**みかんラテ₩8000、チェジュ青みかんエイド₩8500。**3.**店の周辺は、チェジュらしい石垣に囲まれた住宅が立ち並ぶ。

ガーリーな一軒家で、至福なふわふわパンケーキを

住宅街にたたずむ一軒家の扉を開くと、そこに広がるのはガーリーな世界。スフレパンケーキが有名なカフェで、週末やハイシーズンはすぐに満席になってしまうことも。分厚いスフレパンケーキはボリュームたっぷりに見えますが、口に入れるとシュワッと溶けるような食感で一皿ぺろりといけるはず。味はもちろん、見た目のキュートさにもテンションが上がります。地元の特産品であるニンジンを使ったキャロットケーキや、自家製シロップで作るドリンクも人気。店内はオーナーのこだわりが詰まっていて、つい写真を撮りたくなる韓国らしいカフェの一つです。

インテリアのコンセプトはフラワー&ヴィンテージ。季節に合わせた生花が店内を彩る。中庭もある店内はコーナーごとに雰囲気が異なるので、お気に入りのスペースを見つけてみて。

DATA

住 제주시 구좌읍 평대5길 40（済州市 クジャウプ ピョンデ5キル 40）
電 0507-1408-3787　休 火曜、水曜　営 11:00～17:00（早めに閉める日もあり）　C 可
@cafe_5gil_jeju

Magpie Brewing

맥파이 브루어리

メクパイブルワリ

| MAP/ P145-C2 | **BAR & ACTIVITY** |

工場見学ツアーも人気。ローカルビールのブリュワリー

2011年にソウル在住の仲良し4人組が立ち上げて、韓国産クラフトビールの先駆けとなったブランド「メクパイ」。韓国では良い知らせを伝える鳥とされる「カササギ」を意味し、よいビールや文化を伝えようという意味が込められています。2016年には、空気と水がきれいなチェジュにブリュワリーを設立。土日限定で、ビール醸造所見学ツアーも実施しています。1年に30種類ほど生産されるビールは、店舗兼パブになっている「テップルーム」で常時10種類ほど取り扱いあり。定番のペールエールは、爽やかな酸味とほどよい苦味、フルーティーな味わいが特徴です。

1.晴れた日は屋外で気持ちよく飲める。**2.**缶ビールはおしゃれなパッケージで、お土産にも◎。**3.**飲食できるテップルーム。ビールと一緒にピザやフライドチキンなど注文可。**4.**みかん倉庫を改装した建物。**5.**ビール各種₩7000〜。10種類ほど飲み比べできる。

6.小規模ブリュワリーだからこそ近くでタンクを見られて楽しい。ツアーは大人₩2万、8〜18歳₩1万。詳細は公式HPで（英語or韓国語対応／予約必須）。**7.**ツアー参加者はビールの試飲＋1杯無料。子どもや飲めない人向けに天然材料で作ったノンアルコールのクラフトソーダも揃う。

DATA

住 제주시 동회천1길 23(済州市トンフェチョン1キル 23)　☎ 064 721 0227
休 第1水曜(テップルームは月・火曜)　営 12:00〜20:00(L.O.19:00)、土・日曜〜21:00(L.O.20:00)
C 可　Instagram @magpiebrewing

39.
East Side

Jeju i.

제주 아이

チェジュアイ

| MAP/ P151-D2 | **SHOP & CAFE** |

文房具や日用品、食器、食品など幅広い品々が揃う。チェジュに関係する書籍も置いていて、韓国語が読めなくてもデザインを見るだけでも楽しい。自分用のお土産探しにも。

チェジュ在住アーティストのデザインに出会える

以前はチェジュ土産といえばトルハルバンやみかんモチーフのものばかりでしたが、ここ数年でチェジュ在住のアーティストが手がけるグッズを見かける機会が増えました。というのも、癒やしを求めてソウルなどから移住してきた人が多く、彼らが新しい文化を融合させているのです。この店のオーナーもその一人。チェジュの自然の素晴らしさに魅了され、「チェジュを記憶しておけるもの」をコンセプトとした店をオープンさせました。店内は自然や動物をテーマに雑貨をセレクト。離島・牛島にも店舗があり（→P.116）、そちらは海をテーマにしています。

1.スタッフもそれぞれアーティスト。ポストカードやパズルなどオリジナル商品も並ぶ。**2.**木のアーチを抜けた店舗は、秘密基地のような雰囲気。**3.**併設されているカフェでちょっとひと息。**4.**洋服やアクセサリー、帽子などファッションアイテムをセレクトしたコーナーも。

DATA

住 서귀포시 성산읍 일출로288번길 8（西帰浦市 ソンサンウプ イルチュル路288番キル 8）
電 010-7925-8618　休 なし　営 10:30～19:30　C 可
@jejuseongsan

Jeju Sightseeing

子ども連れにも人気のテーマパーク

子どもから大人まで楽しめる、チェジュの人気テーマパークをご紹介します。城邑民俗村は観光客も入れる集落で、歴史や文化好きの人に興味深いスポットです

一日中遊べる大型テーマパーク

子ども連れに人気の高い総合型リゾート。約250万㎡の広大な敷地にテーマパークほか、ウォーターパーク、温水プール、カジノ、免税店などが集まっています。敷地内の「マリオット・リゾート」に宿泊すると便利です。

神話テーマパーク

신화테마파크／シナテマパク

DATA ▶MAP/P150-B4

住 서귀포시 안덕면 신화역사로304번길 98(西帰浦市 アンドンミョン シナヨクサ路304番キル98) 電 064-908-8800 休 なし 営 10:00～20:00(最終入場19:00) 料 1日券 3/1～10/31 ₩3万、11/1～12/31 ₩2万4000(2023年の料金、3歳以上有料) C 可

スヌーピーと仲間たちに会える

5つのテーマホールと野外ガーデンの展示で、スヌーピーの世界に入り込める施設。フォトジェニックな写真を撮りたい人におすすめ。かわいいカフェやオリジナルグッズも必見です。

Snoopy Garden

스누피가든／スヌピガドゥン

DATA ▶MAP/P151-C2

住 제주시 구좌읍 금백조로 930(済州市 クジャウプ クムベクチョ路 930) 電 064-903-1111 休 なし 営 4～9月 9:00～19:00(最終入場18:00)、10～3月 9:00～18:00(最終入場17:00) 料 大人₩1万8000、14～19歳₩1万5000、子ども₩1万2000 C 可

伝統的な染色体験ができる

火山噴火の溶岩流でできた洞窟ほか、植物園や民族村などが揃う自然テーマパーク。藍染や柿渋染などの伝統的な染色体験もできます。

日出ランド

일출랜드／イルチュルレンドゥ

DATA ▶MAP/P151-D3

住 서귀포시 성산읍 중산간동로 4150-30（西帰浦市 ソンサンウプ チュンサンガンドン路 4150-30） 電 064-784-2080 休 なし 営 9:00～18:00 料 大人₩1万2000、14～19歳₩8000、子ども₩7000 C 可

チェジュ限定のキティちゃんも

韓服姿やトルハルバンとのコラボなど、ここだけのキティちゃんに出会えます。私は海女さんキティを購入！

Hello Kitty Island

헬로키티아일랜드／ヘロキティアイルレンドゥ

DATA ▶MAP/P150-B4

住 서귀포시 안덕면 한창로 340（西帰浦市 アンドンミョン ハンチャン路 340） 電 064-792-6114 休 なし 営 09:00～18:00（最終入場17:00、夏季は時間が変わる） 料 大人₩1万4000、中・高生₩1万3000、子ども₩1万1000、2歳未満無料 C 可

ハーブオイルの足湯体験も人気

約150種のハーブが栽培されている広大な農園。珍しい足湯体験もできます。買い物できる店もちらほら。

チェジュハーブ園

제주허브동산／チェジュホブドンサン

DATA ▶MAP/P151-C3

住 서귀포시 표선면 돈오름로 170（西帰浦市 ピョソンミョン トノルム路 170） 電 064-787-7362 休 なし 営 9:00～22:00 料 大人₩1万3000、14～19歳₩1万1000、子ども₩1万、3歳以下無料。足湯体験（11:00～18:00）は別途₩1万5000 C 可

500年前のチェジュの集落が見られる **城邑民俗村**

성읍민속마을／ソンウプミンソクマウル ▶MAP/P151-C3

昔ながらの茅葺き屋根の集落。現在も人が暮らしていて、観光客にも公開。伝統酒作りや韓服体験もできます。ドラマ「チャングムの誓い」のロケ地です。

住 서귀포시 표선면 성읍서문로 14（西帰浦市 ピョソンミョン ソンウプソムン路 14）
休 なし 営 なし 料 無料

Column.11

Jeju i.
オーナーに
聞く

フェリーで牛島へ

チェジュの離島・牛島の魅力とは？
牛島でお店を営むイ・インギョンさんに聞きました

「もし時間があれば牛島にも足を運んでみてください。城山港（MAP/P151-D2）からフェリーで約15分なので、すぐに着きますよ。牛島にはチェジュらしい自然が残る風景が広がっていて、白い砂浜はまるでポップコーンのよう。コバルトブルーの海を眺めていると心が癒やされます。私がチェジュに移住してきたのは2015年。以前はソウルのビルに囲まれた環境で働いていましたが、チェジュの景色の美しさに移住を決意。今は西帰浦市と牛島で、チェジュの魅力を伝える雑貨店を営んでいます。牛島はレンタル自転車で1周すると2～3時間。名物のピーナツアイスクリームを食べてくださいね」

城山日出峰が見えるのが牛島らしい景色。名産品はピーナツ（写真右下）。

ここも
行ってみて

Udo i. 우도 아이／ウド アイ

DATA

住 제주시 우도면 우도해안길 814
（済州市 ウドミョン ウドヘアンキル 814）
電 010-4296-8618 休 なし 営 10:30～16:30 C 可
@jejuudoi ▶MAP/P145-D2

Jeju Island West Side

西エリア

| MAP/ P150 |

美術館や博物館、テーマパークなどの大型施設が集まっている島の西部。
予定を詰め込みすぎず、ゆったりと自然を楽しむのにぴったりなエリアです。
美しいビーチもあり、夕日がきれいに見える人気の夕焼けスポットも多くあります。

40.
West Side

ダンソ

단소

ダンソ

| MAP/ P150-B1 | **RESTAURANT** |

大人用セット1人₩1万7000（2人前〜）、子ども用1人₩1万。

華やかな器でもてなす、韓国の家庭料理

古い聖堂の跡地に立つ小さな食堂では、素朴だけれど確かなおいしさの家庭料理が味わえます。店内で家族や友人同士で囲んでいるのは、テーブルの幅ぐらいある大きなお盆に、小皿がたくさんのった家庭料理。中央にはピリ辛の黒豚炒め、それをぐるりと囲むように10種のおかずが並びます。メインの黒豚は100％チェジュ産を使っていて、薄切り肉に辛めのタレが絡んで食べ応え抜群。おかずは国産の旬の食材を使い、一品一品手間をかけて丁寧に作られたもの。どれもやさしい味でほっとします。友人の家に遊びに来たような気分で、韓国の日常のごはんを体験してみてください。

1.アンティークの調度品が飾られた店内。**2.**オープンと同時に満席になる人気店。提供される料理は大迫力なうえ、おかずはおかわり自由。**3.**店名は「ダンチョンハゴ（端整であり）、ソバクハゲ（素朴に）」の頭文字をとった略語。エウォルのカフェ通りから、車で約5分の場所にある。

DATA

住 제주시 애월읍 애월로 139-4(済州市 エウォルプ エウォル路 139-4)
電 070-8018-7178　休 日曜　営 11:00～16:00(L.O.14:30)　C 可
@zipbap_danso

41.
West Side

ハンチアップドモルパダ

한치앞도모를바다

ハンチアップドモルパダ

| MAP/ P150-A2 | **RESTAURANT** |

イカやカニのうまみが詰まった海鮮トッポギ

トッポギが大好物のオーナーがオープン。チェジュで捕れる新鮮なハンチ（ヤリイカ）を使った、ぜいたくなトッポギが名物です。イカをはじめ、カニやアワビ、ムール貝、イイダコなど海の幸がたっぷり入ったトッポギは、軽食としてだけではなく食事としてもボリューム満点。普通に頼むとなかなか辛いので、辛いものが得意でなければ辛さ控えめで注文するのがおすすめです。お腹に余裕があれば、カムジャ（じゃがいも）チーズチヂミ￦1万5000もぜひ一緒に。ホクホクのじゃがいもと、とろけるチーズのまろやかさがトッポギの辛さを和らげてくれます。

1.ハンチトントッポギ（2人前）￦2万8000。**2.**海や自然をテーマにしたインテリア。什器はオーナーの手作り。**3.**ウサムギョプ（牛バラ肉）とタコが入った、ムノトントッポギ（2人前）￦2万8000。**4.**コワモテだけど優しいオーナー、アン・テジンさん。

“トッポギ”はトックと呼ばれる餅を甘辛く煮た料理。しめはごはんを投入して、炒飯のような“ポックンパ”にもできる（追加₩2000）。海鮮だしのうまみを最後まで楽しめる。

DATA

住 제주시 한림읍 중앙로 77（済州市 ハンリムウプ チュンアン路 77）　電 070-8884-0428
休 水曜、木曜（不定休があるので行く前に電話を）　営 11:30〜15:00、17:00〜19:00（L.O.18:30）　C 可
なし

WEST SIDE

42.
West Side

jeju dot

제주돗

チェジュドッ

| MAP/ P150-A3 | **RESTAURANT** |

客席とは離れた焼き場で、肉を熟知したスタッフが炭火で調理。

焼くのは100%おまかせ。上質な肉の味を堪能して

焼肉専門店は数あれど、日本から遊びに来た私の父と妹が「忘れられないほどおいしいお肉だった」と話していた店。とにかく肉質のよさが素晴らしく、脂身が苦手な私もここで初めて食べたオギョプサルは「こんなに甘くてジューシーな肉の脂があるんだ！」と感動したほどです。店では「肉を一番おいしい状態で食べてもらいたい」との思いから、食べる寸前までスタッフにすべておまかせ。炭火である程度焼いた肉を、客席の鉄板で仕上げてくれます。アクセスしにくい場所にあるのが難点ですが、この店だけを目的に足を運ぶ人たちでいつも混雑しています。

1.左はフットッモクサル（黒豚肩ロース）200g ₩2万2000。右はフットッオギョプサル（黒豚五枚肉）200g ₩2万2000。店名にもある「トッ」は、チェジュの方言で豚の意味。**2.**扱う肉の部位は3種だけ。キムチチゲを一緒に注文しても◎。**3.**肉はカタクチイワシの塩辛のタレ"メルジョッ"をつけて。**4.**予約は不可。繁忙期は売り切れることも。**5.**芝生は子どもたちが遊ぶ空間。

DATA

住 제주시 한경면 조수2길 34（済州市 ハンギョンミョン チョス2キル 34）
電 064-772-0505　休 火曜　営 16:00〜22:00（L.O.21:00）　C 可
@jeju_dot

43.
West Side

ハンリムカルグクス 済州本店

한림칼국수 제주본점

ハンリムカルグクス チェジュポンジョム

| MAP/ P150-A2 | **RESTAURANT** |

ボマルカルグクス W1万。スープにごはんを入れて食べる人も。

クボガイのうまみたっぷり。チェジュならではの“カルグクス”

チェジュの方言で「ボマル」と呼ばれる、巻貝のクボガイ。食用にするには小さいものの、簡単に採れるからと、チェジュでは食べ物が少なかった時代に食べ始めたといわれています。そんなボマルを使った麺料理がこちら。麺はうどんのような太さでもちもちしていて、少しやわらかめ。とろみのある緑色のスープにはメセンイ（カプサアオノリ）が入っていて、磯の香りが漂います。素朴で健康的な味わいですが、あとを引く濃厚なうまみも。貝の独特な見た目に驚くかもしれませんが、意外と食べやすいですよ。韓国料理ツウの方や、ディープな郷土料理を味わいたい人にもおすすめです。

1.済州市内に複数店舗あり。行列しているときもあるが、回転が速いので安心して。**2.**クボガイは弾力があり、やわらかめのサザエのような食感。**3.**カルグクスのほかにもボマルのお粥や、メセンイのチヂミなども。つけ合わせのおかずはもちろんおかわり自由。

DATA

住 제주시 한림읍 한림해안로 139(済州市 ハンリムウプ ハルリヘアン路 139)
電 070-8900-3339　休 日曜　営 7:00〜15:00　C 可
@hanrimkalgugsu

44.
West Side

ヤンガ兄弟 本店

양가형제 본점

ヤンガヒョンジェ ポンジョム

| MAP/ P150-A4 | **RESTAURANT** |

常連からの人気が高い、ベーコンとスイスチーズが入ったソクバーガー₩9700。オニオンリング₩8000やバニラシェイク₩6700などと一緒に。食器もレトロでかわいい。

公民館をリノベーション。レトロな店内でハンバーガーを

アメリカでインスパイアされ、本当においしいハンバーガーを韓国に広めたいという思いで兄弟が創業した自家製ハンバーガー専門店。歴史のある建物に魅力を感じ、使われなくなっていた村の公民館をリノベーションして、村人たちが集まっていた場所に新たな息を吹き込みました。バンズとパテは毎朝手作り。食材は環境負荷の少ない、近距離で仕入れた新鮮なものを使用しており、シンプルな素材の味を引き立てています。店舗の内装を担当したデザイナーの好物が、店舗ごとの限定メニューになっているのもユニーク。別の店舗もチェックしてみて。

1.床や鏡、会館への寄付者の名前が書かれた昔の看板などインテリアの一部は公民館時代のまま残し、モダンレトロな雰囲気に仕上げている。**2.**本店限定メニューはアボカド入り。キルジョンバーガー₩1万3700、ポテト₩7500。**3.**公民館の建物は1986年に建てられたもの。

DATA

住 제주시 한경면 청수동8길 3（済州市 ハンギョンミョン チョンスドン8キル 3）
電 0507-1405-7734　休 木曜　営 11:00〜15:00（L.O.14:30）、16:00〜19:30（L.O.18:30）　C 可
@yangbrothersburger

45.
West Side

Nolman

놀맨

ノルメン

| MAP/ P150-A1 | **RESTAURANT** |

迫力あるビジュアル！ 海のそばで食べる海鮮ラーメン

エウォルビーチの近くには、カフェ通りと呼ばれるカフェが集まった一帯があります。その一角にあるこちらの店は、観光客でにぎわうラーメン店。器からはみ出すほど豪快にカニが丸ごと入っている姿は、つい写真を撮りたくなる迫力のビジュアル。カニのほかにも新鮮なエビ、ムール貝がたっぷり入っている、ピリ辛の海鮮ラーメンです。開放感のある屋外で海風を感じながら食べると、より一層おいしく感じられますよ。

1.ヘムルラミョン₩1万。手が汚れるのでウエットティッシュ持参で訪れたい。**2.**屋外店のため、雨風が激しい日は休業することも。**3.**スープがよく絡む、やや太めのもちもち麺。

DATA

住 제주시 애월읍 애월로1길 24（済州市 エウォルプ エウォル路1キル 24）
電 064-799-3332 休 火曜、天候が悪い日（instagramで告知） 営 10:00～15:00 C 可
@nolman_jeju

チェジュの名物「風・石・女」

古くから、チェジュに多いといわれているのが風・石・女の三つ。
これが由来でチェジュ島には「三多島（サムダド）」という愛称があります

一つ目の「風」ですが、チェジュに住んでいると本当に風が強いことを実感します。なかでも海沿いのエリアは風が強く、体感温度が下がりやすいです。特に冬は天気予報の気温だけ見て薄着で過ごすと、肌寒くてびっくりしてしまうかも。二つ目の「石」は、チェジュは漢拏山の火山活動によってできた島であり、玄武岩がたくさんあるため。民家の石垣や、チェジュの守り神とされる石像「トルハルバン」（→P.11参照）など、チェジュの風景には石が欠かせません。三つ目の「女」、これはかつてチェジュでは、漁に出た男性たちが荒れた海から戻ってこられず、女性の割合が多かったといわれているのが理由だそう。生計を立てるために働き者の女性が多いのは、現代のチェジュでも同じです。

海沿いでは風の力を利用した、風力発電の風車をよく見かける。

チェジュの女性といえば海女さん。よく店先に絵が描かれている。

韓国伝統の帽子をかぶり、両手を腹部で合わせているのが特徴。

46.
West Side

Monsant Aewol

몽상드애월

モンサンドゥエウォル

| MAP/ P150-A1 | **CAFE & BAR** |

海側の席は特に人気。エウォルビーチの海岸沿いは「オルレキル」の一部となっており、ウォーキングコースがあるので散策もおすすめ（→P.87参照）。周辺はカフェが立ち並び、観光客でにぎわう。

青い海から、夕焼けまで楽しめる。ビーチ沿いの特等席

BIGBANGのG-DRAGONがプロデュースしたことでチェジュのカフェブームの先駆け的な存在でしたが、現在は別の会社が運営中。最近は建物の周辺にヤシの木やオープンエアな客席が増え、よりリゾート感のあるカフェになりました。エウォルのカフェ通りのなかでもひときわ広い面積を誇り、「モンサン＝夢想」の名を表すような美しい風景が広がります。日中は爽やかなリゾート感、日没ごろはしっとりとしたムードに。特に6〜8月の18時半〜19時半は夕焼けを見るために訪れる人が多いそう。鏡張りの建物が、周りの景色を映しているのも幻想的です。

1.広々とした店内。ドルチェラテやピーナツラテなどカフェメニューも人気。軽食が食べられるパブも併設。**2.**鏡張りの建物はエウォルのアイコン的存在。**3.**カクテル各₩1万5000。夕方からの提供で、ノンアルコールへの変更も可能。夕焼けスポットなので、日没時間をチェックして訪れて。

DATA

住 제주시 애월읍 애월북서길 56-1（済州市 エウォル邑 エウォルプクソギル 56-1）
電 010-4419-3431　休 なし　営 11:00〜19:30（L.O.19:00）　C 可
なし

47.
West Side

umu

우무

ウム

| MAP/ P150-A2 | SHOP |

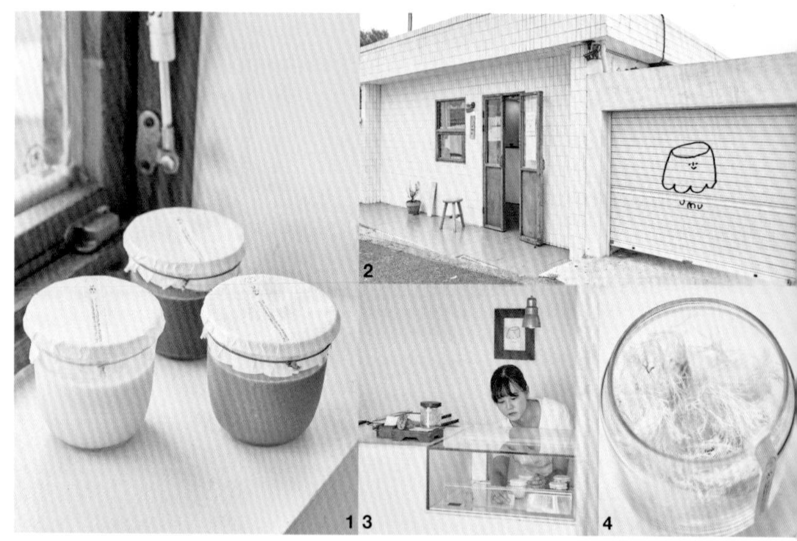

1.プディン各₩6800。 2.シャッターの前は写真スポット。オリジナルのゆるキャラのグッズも人気。 3.店はテイクアウト専門。 4.ウムカサリの見本。これを煮て作るのだとか。

原料はチェジュ産の“天草”。ここだけの海藻プリン

チェジュの海女学校出身のオーナーが始めた、手作りプリンの専門店。原料に使うのは海女さんが牛島(ウド→P.116)で採る「ウムカサリ」という天草で、プリンといえど寒天のイメージに近いかも? 甘さ控えめであっさりしていて、ふるふる食感です。基本の味はカスタード・抹茶・チョコレートで、季節限定でトウモロコシやピーナツなども登場するそう。保存材不使用のため、購入後は1時間以内を目安にめしあがれ。

DATA

住 제주시 한림읍 한림로 542-1(済州市 ハンリムプ ハンリム路 542-1)
電 010-6705-0064　休 なし　営 9:00〜20:00　C 可
@jeju.umu

チェジュのローカルマガジン「iiin」

島内の書店や、ときどきカフェにも置かれている「iiin（イン）」という冊子。
チェジュの魅力を詰め込んだマガジンなので、見かけたら手にとってみて

表紙に惹かれて買い始めたローカルマガジン「iiin」（1冊₩6900）。当時まだ私は韓国語が読めなかったのですが、イラストや写真も含めて韓国らしいデザインを眺めるのが好きで、見かけるたびに購入するようになりました。韓国語を理解できるようになってからは、内容も楽しんでいます。一番の魅力は編集室が地元・チェジュにあり、ローカルに密着した企画ばかりなこと。インターネットやSNSだけでは知ることのできない情報や、地元の人の温かみを感じる記事、歴史や文化を学べるコンテンツなどが満載でおもしろいです。ローカル旅行者のためのショップとカフェを兼ねた空間「四季生活」も西帰浦市で運営しているので、近くに行くことがあればこちらもぜひ。

ここも行ってみて

四季生活 사계생활／サゲセンファル

DATA

住 서귀포시 안덕면 산방로 380
（西帰浦市 アンドンミョン サンバン路 380）
☎ 064-792-3803　休 なし　営 10:00〜18:00　C 可
@sagyelife　MAP/P148-A2

48.
West Side

HOTEL sand

호텔샌드

ホテルセンドゥ

| MAP/ P150-A2 | CAFE & HOTEL |

1.ブランチメニューやアルコールもあり。**2.**（手前から時計まわりに）サンドミル₩7500、サボテンモンテ₩7000、イチジクのエイド₩9800。**3.**季節のタルトは₩8500前後。**4.**海風を感じられるテラス席も人気。宿泊予約は電話で。通常1泊₩8～9万、ハイシーズン₩15～17万。

風のない日は大きなガラス窓が開放される。目の前に広がるのは、浅瀬で小さな子ども連れにも人気のヒョプチェビーチ。白い砂浜と海の向こう側に見えるのは離れ島・飛揚島（ビヤンド）。

ビーチ直結！ 海風を感じながら至福のカフェタイムを

オーシャンビューのカフェはリゾート気分を盛り上げてくれること間違いなし。ビーチ直結のこの建物は、古いホテルをリノベーションした話題のスポット。1階がカフェになっていて、観光客でにぎわいます。日替わりで10種ほどショーケースに並ぶケーキは、チェジュらしさも演出。チェジュ産の麦やほうじ茶で作る穀物ラテ「サンドミル」や、チェジュで育ったサボテン“百年草”のジャム入りチョコレートケーキ「サボテンモンテ」など、味も見た目も個性的です。種類豊富なドリンクで喉を潤し、海を眺めながらのカフェタイムを楽しんで。

DATA

住 제주시 한림읍 한림로 339 1F（済州市 ハンリムプ ハンリム路 339 1F）
電 010-8879-8010　休 なし　営 8:30〜21:00（L.O20:30）　C 可
@hotelsand_

49.
West Side

o'sulloc tea museum

오설록 티 뮤지엄

オソロック ティ ミュジオム

| MAP/ P150-A4 | **SHOP/CAFE/ACTIVITY** |

1.人気No.1は緑茶の一種で、やわらかい新葉で作った伝統的なセジャク茶₩8000（アイスは₩8500）。**2.**敷地内に広がる広大な茶畑。自由に出入りして写真撮影が可能。

晴れた日に訪れたい。緑が心地よいお茶のミュージアム

韓国の伝統茶文化を定着させることを目指して始まったオソロック。1979年にチェジュで茶畑を開拓し、今では100万坪のオーガニック茶畑となりました。ここティーミュージアムでは、チェジュの茶畑で採れた緑茶から発酵茶、フレーバーティーまでさまざまなお茶を、飲むことも購入することも可能。お茶のことが学べる施設や、ブレンドティー作りが体験できるティーラウンジなども併設されています（有料・要予約。公式HPで確認を）。現在、敷地内に新たな施設も建設中。自然と文化が融合するミュージアムで、韓国のお茶を体験してみてください。

3.種類豊富なお茶はパッケージも美しく、お土産探しに最適。**4.**ミュージアム内で焙煎したお茶を販売。**5.**茶畑を望めるティーラウンジは2名以上で予約可。1人₩3万5000でガーデンツアー、お茶のブレンド、ティータイムを体験できる。**6.**広々とした庭があり気持ちのよい空間。**7.**カフェの人気メニュー。抹茶のドリンクとスイーツ3点の「ベストセットA」₩1万8000。

DATA

住 서귀포시 안덕면 신화역사로15(西帰浦市 アンドンミョン シンファヨクサ路 15)
電 064-794-5312　休 なし　営 9:00〜18:00　C 可
@osulloc_official

50.
West Side

innisfree JEJU HOUSE

이니스프리 제주하우스

イニスフリー チェジュハウス

| MAP/ P150-A4 | **SHOP/CAFE/ACTIVITY** |

1.自然光がたっぷり差し込む建物。 **2.**キット₩2万を購入して石けん作り体験もできる。 **3.**広大な庭でピクニックをするのもおすすめ。 **4.**カフェも併設されている。 海女さんのお弁当をイメージしたヘニョバクニブランチ₩1万6000と、みかんローズアイスティー₩6800。 **5.**チェジュの天然材料で作るエッセンシャルオイルはここだけで買える限定品。

この店舗でしか購入できない限定商品が多数。バラまき土産にぴったりなシートパックやミニサイズのハンドクリームなども。買い物は免税対応しているのでパスポートをお忘れなく。

ここだけの限定品が多数。チェジュの素材で作る自然派コスメ

自然派コスメブランドで知られるイニスフリーは「チェジュ島の自然の恵みをそのままに」がコンセプト。緑に囲まれた広大な敷地に、チェジュと人々をつなぐ「JEJU HOUSE」を構えています。コスメ作りは環境に配慮し、農家と共同開発やフェアトレード契約を行うなど地元の人々の生活や土地を守りながら行っているとのこと。ショップエリアにはチェジュで採れるツバキやカヤ、みかんなど天然材料を使ったコスメが並んでいるので、その香りのよさを試してみて。開放感のあるカフェも併設しているので、コスメ好き以外の人でも満喫できますよ。

DATA

住 서귀포시 안덕면 신화역사로 23（西帰浦市 アンドンミョン シンファヨクサ路 23）
電 064-794-5351　休 なし　営 9:00〜18:00、石けん作り体験9:00〜16:30（予約不要）　C 可
@innisfree_jejuhouse

Column.14

Jeju Island

チェジュの世界遺産

火山活動でできたという背景があり、地質や地形学的にもユニークなチェジュ島。
ユネスコ世界自然遺産に「チェジュ火山島と溶岩洞窟群」として
3カ所が登録されています

オルレキルの1番目のコースでもあるクァンチギ海岸から望む城山日出峰。

世界遺産に登録されているのは「漢拏山天然保護区」と「城山日出峰」、そして「拒文オルム溶岩洞窟群」です。島の中心にある漢拏山は、韓国一高い山。天気がよければチェジュのあちこちから見え、地元民にとっては日常に溶け込んだ存在です。一方、旅行客には特別な山で、漢拏山登山を目当てに予定を立てる人も。韓国の学生の修学旅行先としてもおなじみなんですよ。城山日出峰は漢拏山に比べるとうんと規模が小さく、約30分で頂上まで登れます。短時間で特別な体験ができるので、気軽に行ける自然観光地としておすすめです。登る途中、後ろを振り返ってチェジュの町並みも見下ろしてみてください。そびえ立つ漢拏山や大小さまざまなオルム（丘のような寄生火山）が広がる姿に感動すると思います。万丈窟は、拒文オルムの噴火によって形成された洞窟のひとつ。洞窟内部の保存状態がよく、学術的にも価値が高い自然遺産といわれています。

漢拏山

한라산／ハルラサン

標高1950m。山頂では白鹿潭(ペンノクタム)という火山湖が見られます。難易度の異なる7つのコースがあり、登山慣れしていないと厳しいコースも。人気の「御里牧(オリモク)コース」は登るのに約3時間。

DATA ▶ MAP/P144-B3

住 제주시 1100로 2070-61(済州市 1100路 2070-61／オリモク管理事務所) 営 入山時間はコースによって異なるため公式HPで要確認 料 無料

城山日出峰

성산일출봉／ソンサンイルチュルボン

大昔に海中で爆発してできた火山。有料コースは整備された道で山頂まで行け、無料コースは山の麓を散歩できます。歩きやすい靴ならば普通の服装でOK。往復1時間程度です。

DATA ▶ MAP/P151-D2

住 서귀포시 성산읍 일출로 284-12(西帰浦市 ソンサンウプ イルチュル路 284-12) 休 毎月第1月曜 (気象状況・施設点検により不定休あり) 営 4〜9月 7:00〜20:00(最終入場19:00)／10〜3月 7:30〜19:00(最終入場17:50) 料 大人₩5000、子ども・青少年₩2500、6歳以下無料

万丈窟

만장굴／マンジャングル

約10〜30万年前の火山噴火でできた洞窟が集まる「拒文オルム溶岩洞窟群」のなかで最大規模。唯一、一般公開されている洞窟です。中はひんやりとしていて鍾乳洞などが見られます。

DATA ▶ MAP/P151-D1

住 제주시 구좌읍 만장굴길 182(済州市 クジャウプ マンジャングルキル 182) 休 毎月第1水曜 (気象状況・施設点検により不定休あり) 営 9:00〜18:00(最終入場17:00) 料 大人₩4000、子ども・青少年₩2000、6歳以下無料

51.

GRAND HYATT JEJU

그랜드 하얏트 제주

グランドハイアットチェジュ

| MAP/ P146-A4 | HOTEL |

便利な街なかでリゾート感のあるステイを

チェジュで一番高い建物「済州ドリームタワー」内にある大型ラグジュアリーホテル。済州市の中心地にあり、空港から約10分とアクセスも良好。便利なエリアでありながら、リゾート感あるステイができると評判です。客室は最低65平米〜と広々した設計で、大きな窓からはチェジュの街や海が一望できます。ホテル内には14軒の個性的なレストランやカジノなども入っているので、宿泊者以外も訪れてみる価値あり！

1.2棟からなる「済州ドリームタワー」。近くに大型スーパーもあり便利。**2.**広々とした客室。**3.**韓国最大級のカジノも備えている。**4.**海と漢拏山を望むインフィニティプール。

DATA

住 제주시 노연로 12（済州市 ノヨン路 12）
☎ 064-907-1234　時 チェックイン15:00〜、チェックアウト11:00

52.

t'way air

티웨이항공

ティーウェイ航空

AIRLINE

日本から唯一の直行便。チェジュまで片道約2時間!

日本からチェジュへ旅行するのに便利なのが、ティーウェイ航空です。ソウルやプサンなど韓国の都市と日本を結ぶ路線を多く就航しているティーウェイ航空は、大阪（関西国際空港）からチェジュへの直行便を毎日運航。片道2時間程度で行き来できるので、週末や短期休暇を利用した旅行でも十分に遊べます。しかもLCCなので、リーズナブルな価格も魅力的。おてがるなチェジュ旅行がかなう頼もしい存在です。

1.現在、運航中のA330-300。**2.**事前注文で機内食が楽しめる。**3.**ポケモンラッピングの「ピカチュウジェットTW（B737-800）」。**4.**t'shopでは空の上で軽食やグッズ、免税品などが購入可。

DATA

電 06-6224-0123（日本地域予約センター／平日のみ 10:00〜12:00、14:00〜16:00）
HP https://www.twayair.com/　※運航状況はHPでご確認ください。

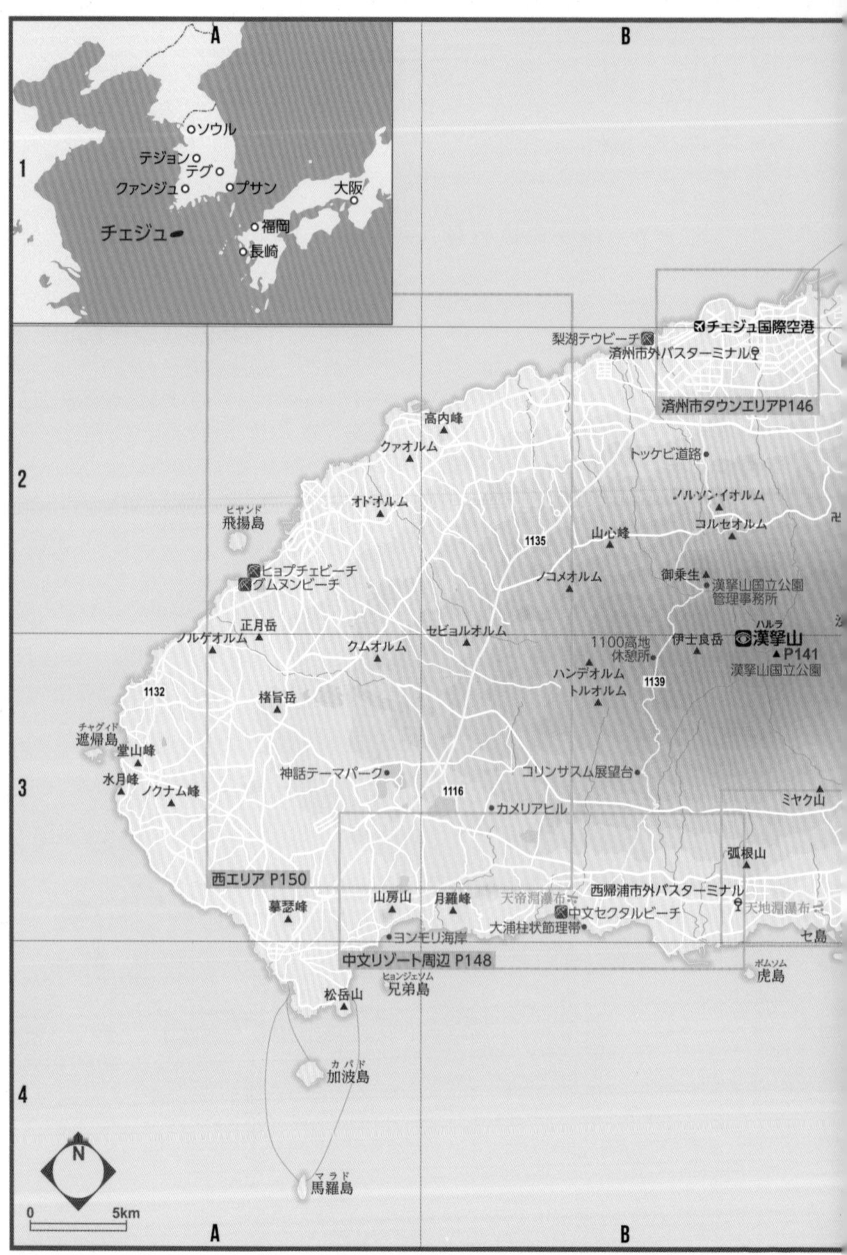

ソウル
テジョン
テグ
クァンジュ
プサン
大阪
福岡
チェジュ
長崎
チェジュ国際空港
梨湖テウビーチ
済州市外バスターミナル
済州市タウンエリアP146
高内峰
クァオルム
トッケビ道路
ノルソン・イオルム
オドオルム
飛揚島
山心峰
コルセオルム
ヒョプチェビーチ
グムヌンビーチ
ノコメオルム
御乗生
漢拏山国立公園管理事務所
正月岳
ノルゲオルム
クムオルム
セビョルオルム
1100高地休憩所
伊士良岳
漢拏山
P141
漢拏山国立公園
ハンデオルム
トルオルム
楮旨岳
遮帰島
堂山峰
水月峰
ノクナム峰
神話テーマパーク
コリンサスム展望台
カメリアヒル
ミヤク山
西エリア P150
弧根山
摹瑟峰
山房山
月羅峰
天帝淵瀑布
中文セクタルビーチ
西帰浦市外バスターミナル
天地淵瀑布
大浦柱状節理帯
ヨンモリ海岸
セ島
中文リゾート周辺 P148
兄弟島
虎島
松岳山
加波島
馬羅島

Jeju Island Map
チェジュ島全体図
プサンへ
東エリア A P151
キムニョンビーチ
ウォルジョンリビーチ
ハムドクビーチ
元堂峰
万丈窟
Magpie Brewing P110
P116
Udo i.
ウド
牛島
屯地峰
1112
指尾峰
アルバムオルム
榧子林
斗山峰
セミオルム
パノンオルム
拒文岳
アンドル岳
テワン山
城山日出峰
P98 ソンミガーデン
浮大岳
サングムブリ
観音寺
ソプチコジ
1118
97
ムルチャンオリ
瀛州山
大鹿山
タラビオルム
1132
ムル岳
城邑民俗村
日出ランド
沙羅オルム
ムル霊阿利岳
1131
カセオルム
チェジュハーブ園
東エリア B P151
漢拏山トンネコ地区案内所
西帰茶園
上孝園
チャベ峰
正房瀑布
西帰浦市街地エリア P148
ムン島
ソプ島
チグィド
地帰島
【車での所要時間の目安】
チェジュ国際空港
約75分
牛島
約50分
フェリーで約15分
城山日出峰
西帰浦市中心地
ヒョプチェビーチ
約60分
約70分
約30分
中文リゾート
C
D
1
2
3
4

済州市タウンエリア

A B

1

P30 海女潜水村

龍頭岩海水ランド

龍頭岩

旧チェジュ拡大図 P147

済州国際旅客ターミナル

沙羅峰公園

国立済州博物館

東門市場

道頭峰

チェジュ国際空港

三姓穴ヘムルタン 1号店 P24

姉妹ククス 本店 P26

テベクサン 本店 P22

済州民俗五日市場

チェジュギャラクシーホテル

ホテルノブレス

三姓穴

済州市外バスターミナル

1132

1132

1131

中央病院

新チェジュ拡大図

日本国総領事館

2

ハンサリム 済州タルム店 P57

済州文学館

オウヌル P28

1136

1139

ミンオルム

1136

1136

済州アートセンター

N

NEXONコンピューターミュージアム

漢拏樹木園

桃李花果 P50

0 1km

新チェジュ拡大図

新光小

三無公園

ロッテ免税店 チェジュ店

ロッテシティホテルチェジュ

済州漢拏病院

pulgore P52

チェジュサンホテル&カジノ

三無路

南寧高

3

道令路

サムダ公園

ベストウェスタンチェジュホテル

タオルレフェッチプ P40

ソソバン炭火タッカルビ 連動店 P42

済州新羅免税店

老蓮路

GRAND HYATT JEJU P142

済州ドリームタワー

新羅ステイ済州

メゾングラッドチェジュ

新大路

emart 新済州店

日本国総領事館

新光路

4

ダイソー

ロッテマート 済州店

蓮北路

済州郵便集中局

N

老衡公園

済州第一高

A B

0 300m

emart 済州店 P62
Bluebird by Magpie P62
P62 OLIVE YOUNG
Arario Museum 塔洞 Cinema P62
MARTRO P62
D&DEPARTMENT JEJU by ARARIO P54
島州済キンパ P31
The ISLANDER P56
ヨスル食卓 P44
東門市場 P60
オボクトックチプ P58
ペクガネ P34
ソルノンオク P38
Las Tortas P46
タソニ P32
P48 Too Hard To Be Cool
済州港沿岸旅客ターミナル
済州港
ラマダプラザ済州ホテル
オーシャン スイーツチェジュホテル
オリエンタルホテル
ホテル リージェント マリン ザ ブルー
ホテル ホイッスルラーク
済州北小
済州女子商業高
済州東小
済州牧官衙址
観徳亭
郵便局
中央地下商店街
東門路
観徳路
済州中
西門路
西門市場
中央聖堂
済州パシフィックホテル
済州城址
済州南小
一徒小
南星路
神山路
山地川
中央路
西沙路
クワス文化通り
済州民俗自然史博物館
新山公園
済州映像メディアセンター
済州中央女子中
ホテルハニークラウン
典農路
桜通り
三姓穴
文芸会館
三姓小
済州東部警察署
光陽小
東光路
アスターホテル
韓国病院
西光路
済州市外バスターミナル
済州市庁
漢拏体育館
済州総合競技場
屏門川
旧チェジュ拡大図
愛郷運動場
N
0
300m
道南小
ラマダチェジュシティホール
地方裁判所
済州地方検察庁
報徳寺
ユニクロ
KBS済州放送局
C
D
1
2
3
4

中文リゾート周辺

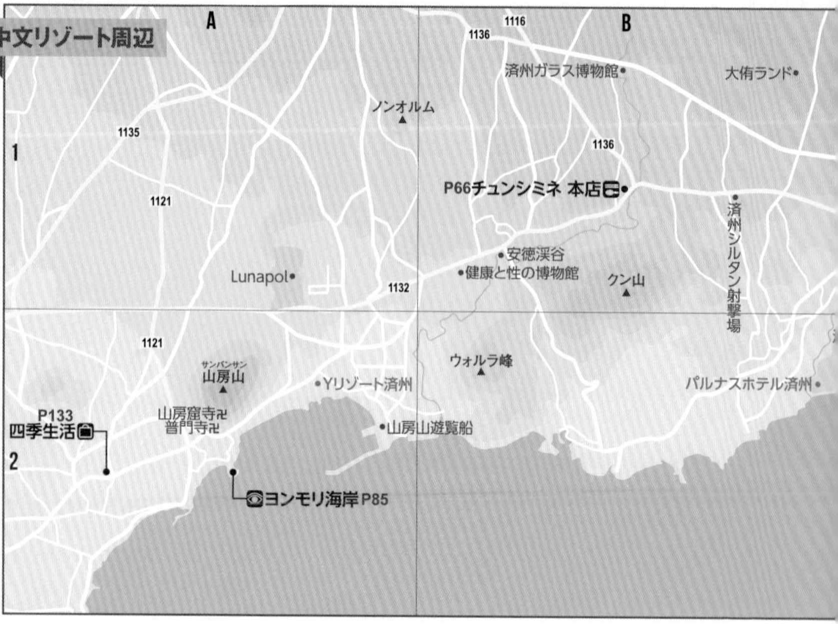

A
B
1
2
1116
1136
1135
1121
1132
済州ガラス博物館
大侑ランド
ノンオルム
P66チュンシミネ 本店
済州シルタン射撃場
安徳渓谷
健康と性の博物館
クン山
Lunapol
サンバンサン
山房山
ウォルラ峰
Yリゾート済州
パルナスホテル済州
P133
四季生活
山房窟寺
普門寺
山房山遊覧船
ヨンモリ海岸P85

西帰浦市街地エリア

西帰浦 治癒の森P85
靈泉岳
1115
3
4
ヘルスケア タウン リゾート
チックオルム
1131
みかん博物館
弧根山
西帰浦郷土五日市場
P74 Veke
1136
1132
P70チョンジッコル食堂
西帰浦毎日オルレ市場P61
西帰浦市外バスターミナル
emart 西帰浦店
済州ワールドカップ競技場
P84 天地淵瀑布
Jeju Beer Fountain オルレ市場店P82
西帰浦KALホテル
パーク サンシャイン済州
正房瀑布P84
ウェドルゲ
西帰浦潜水艦
チェジュスロプタク 西帰浦オルレ市場店P72
セ島
ザ グランド スモラム
A
B
ソプ島

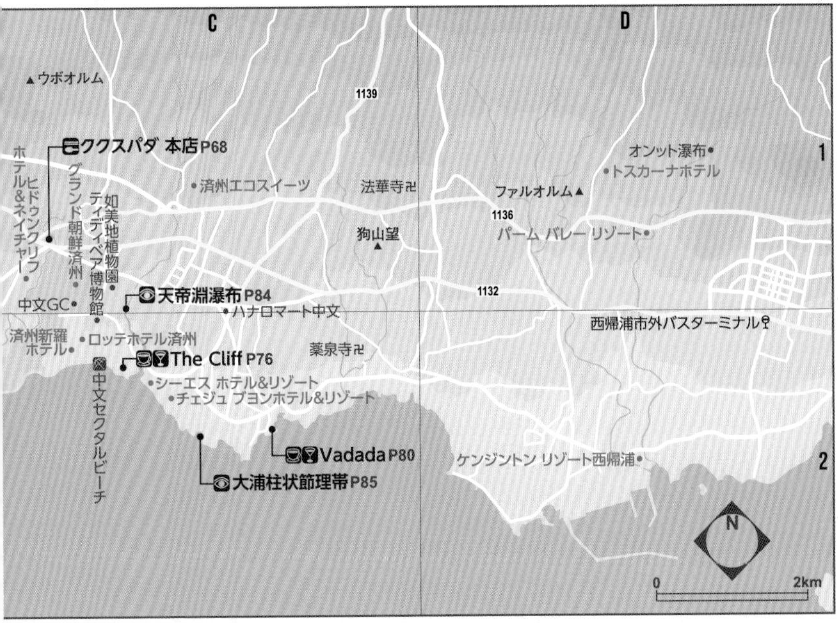

C
D
ウボオルム
1139
ククスパダ 本店P68
オンツト瀑布
1
トスカーナホテル
ホテル&ネイチャー
ヒドゥンクリフ
グランド朝鮮済州
済州エコスイーツ
法華寺
ファルオルム
如美地植物園
ティディベア博物館
1136
狗山望
パーム バレー リゾート
中文GC
天帝淵瀑布P84
1132
ハナロマート中文
西帰浦市外バスターミナル
済州新羅ホテル
ロッテホテル済州
The Cliff P76
薬泉寺
中文セクタルビーチ
シーエス ホテル&リゾート
チェジュ ブヨンホテル&リゾート
Vadada P80
ケンジントン リゾート西帰浦
2
大浦柱状節理帯P85
N
0
2km

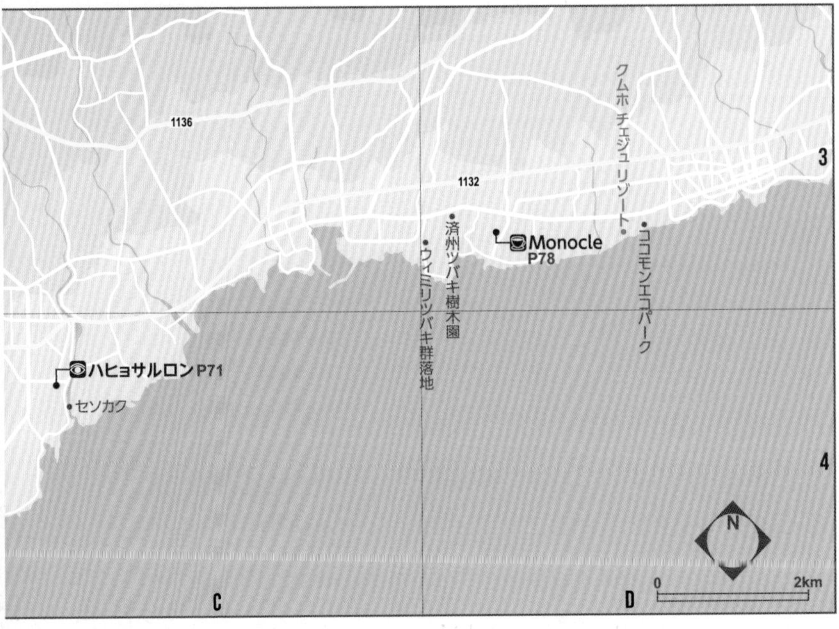

1136
クムホ チェジュ リゾート
3
1132
済州ツバキ樹木園
ウィミツバキ群落地
Monocle P78
ココモンエコパーク
ハヒョサルロンP71
セソカク
4
N
0
2km
C
D

西エリア
A
B
1
2
3
4
オルレ リゾート＆スパ
ヴィラ デ涯月
マレボ リゾート
旧岩里石塩田
ユニホテル チェジュ
P118 ダンソ
P130 Monsant Aewol
P128 Nolman
高内峰
クァオルム
済州ハンパドゥリ抗蒙遺跡地
ケンジントン リゾート チェジュ ハンリム
オドオルム
ハンリムカルグクス 済州本店 P124
ハンチアップドモルパダ P120
飛揚島
グムヌンビーチ
金陵石物園
umu P132
HOTEL sand P134
P89 ARTE MUSEUM
ハンリム公園
ハンリムリゾート
9.81パーク
済州競馬場
ヒョプチェビーチ P105
エバーリスCC
エリシアン済州C
セビョルオルム
正月オルム
クムオルム
アーデン ヒル リゾート&cc
ナインブリッジCC
チェジュ現代美術館
ラオンCC
チョンムルオルム
方林園
キャスレックス済州CC
楮旨岳
ブラックストーン 済州CC
jeju dot P122
P89 PODO museum
ガラスの城
o'sulloc tea museum P136
innisfree JEJU HOUSE P138
P126 ヤンガ兄弟
ピンクスGC
ジェジュ シンワ ワールド マリオット リゾート
ムーミン ランド済州
P114 神話テーマパーク
サマーセットジェジュ シンワ ワールド
P88 bonte museum
ティディ バレー ゴルフ&リゾート
ロッテ チェジュ リゾート アートビラ
ロッテスカイヒル済州CC
小人国テーマパーク
カメリアヒル
大侑ランド
済州コッチャワル道立公園
P115 HELLO KITTY Island
ノンオルム
P66 チュンシミネ 本店
N
0
2km
チョコレート 博物館

東エリアA
P106 Balmy Island
ウォルジョンリビーチ P105
P100 満月堂
ヘッサルガトゥクトルタムチプ P94
ハムドクビーチ P105
キムニョンビーチ
アクアビューティック
P102 ミンギョンイネオドゥンポ食堂
スノギネミョンガ 咸徳店 P92
ソノベル済州
トルハルバン公園
金寧迷路公園
海女博物館
万丈窟 P141
クラウンCC
セイントフォーCC
P108 Cafe 5 gil
屯地峰
アルパムオルム
メイズランド
茶喜然
榧子林
榧子林
斗山峰
ダランスィ岳
P116 城山港
P112 Jeju i.
P96 パダエチプ
アンドル岳
ノプンオルム
P141 城山日出峰
Snoopy Garden P114
P88 Bunker des Lumières
ペギャギオルム
アクアプラネット済州
済州海洋動物博物館
ソプチコジ
ケ岳
婚姻池
ベニスランド
サイプラスCC
瀛州山
東エリアB
タラビオルム
P115 日出ランド
P115 城邑民俗村
独子峰
世界酒博物館
シャインビルCC
P115 チェジュハーブ園

JEJU BUS ROUTES MAP

チェジュ島バス路線図

出典:済州観光公社

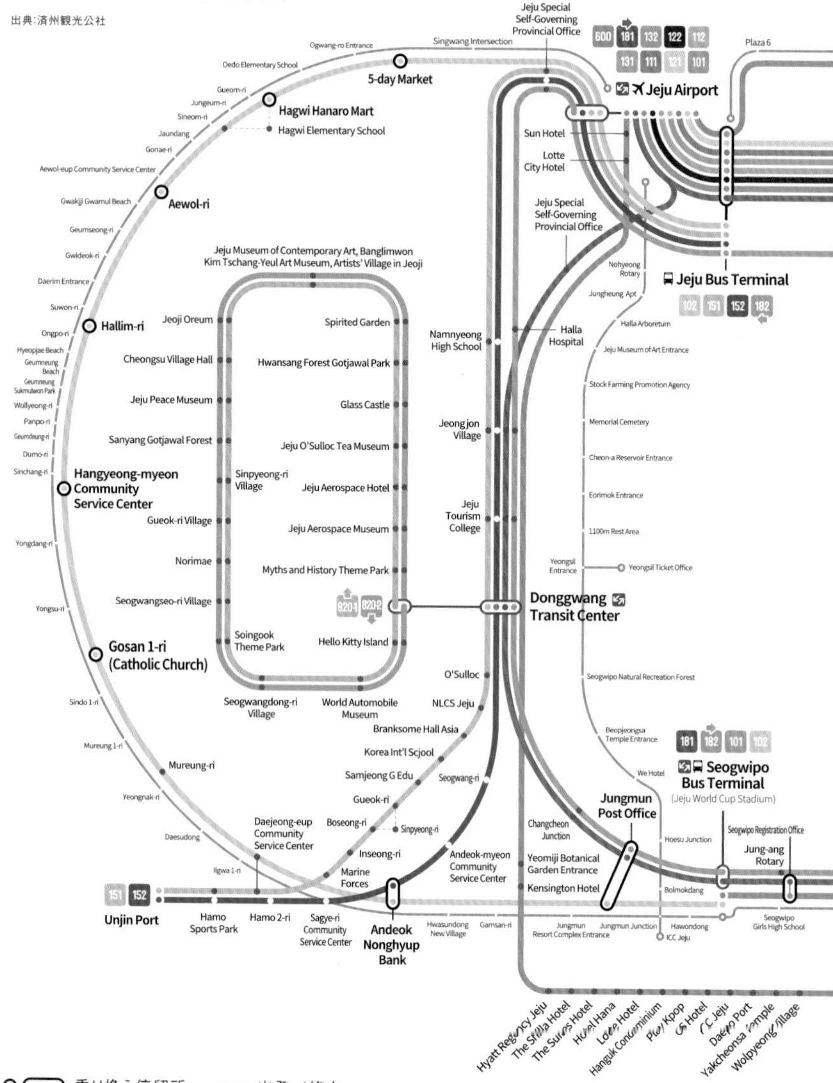

＊この路線図は実際の路線と異なる場合があります。
＊道路状況、悪天候などの運行状況によって変更する場合があります。

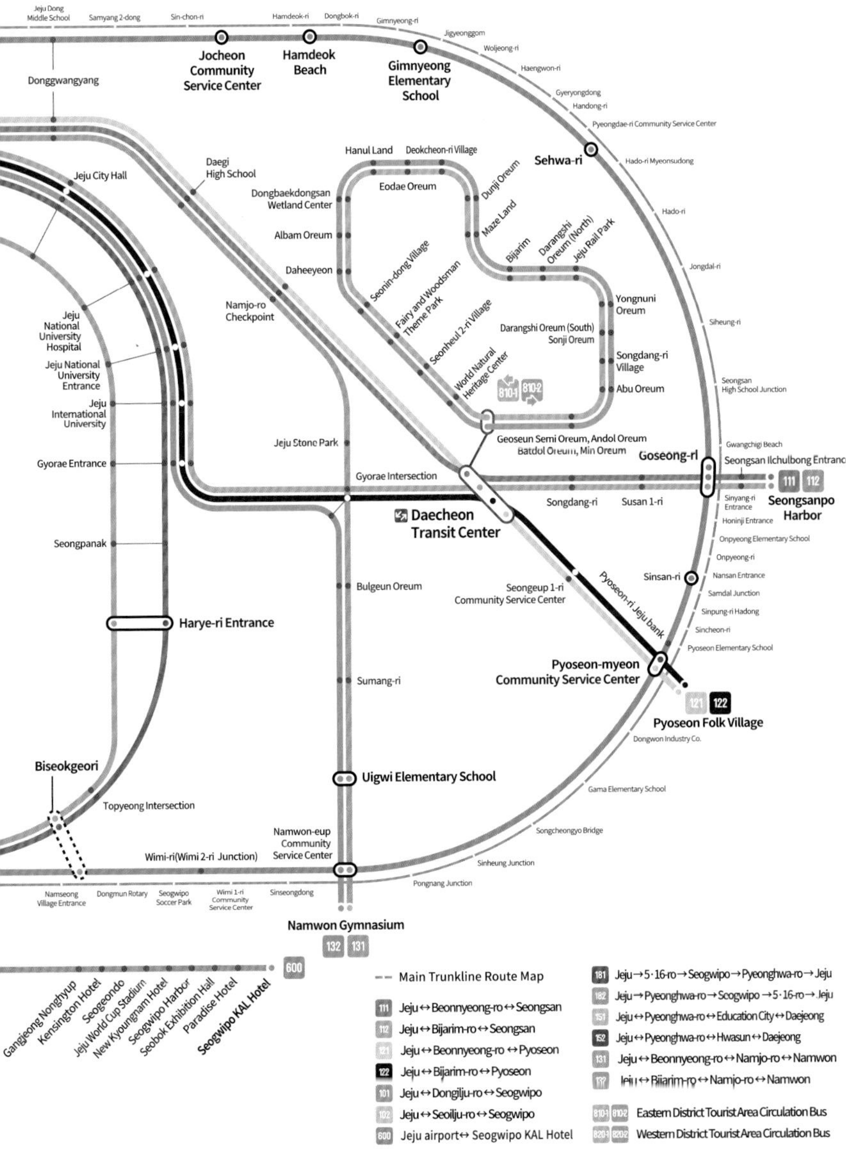
Jeju Dong Middle School
Samyang 2-dong
Sin-chon-ri
Hamdeok-ri
Dongbok-ri
Gimnyeong-ri
Jigyeonggom
Woljeong-ri
Haengwon-ri
Gyeryongdong
Handong-ri
Pyeongdae-ri Community Service Center
Jocheon Community Service Center
Hamdeok Beach
Gimnyeong Elementary School
Donggwangyang
Sehwa-ri
Hado-ri Myeonsudong
Hado-ri
Jongdal-ri
Siheung-ri
Seongsan High School Junction
Gwangchigi Beach
Seongsan Ilchulbong Entrance
Hanul Land
Deokcheon-ri Village
Eodae Oreum
Dunji Oreum
Maze Land
Dongbaekdongsan Wetland Center
Albam Oreum
Daheeyeon
Bijarim
Darangshi Oreum (North)
Jeju Rail Park
Seonin-dong Village
Fairy and Woodsman Theme Park
Seonheul 2-ri Village
World Natural Heritage Center
Yongnuni Oreum
Darangshi Oreum (South)
Sonji Oreum
Songdang-ri Village
Abu Oreum
810-1
810-2
Geoseun Semi Oreum, Andol Oreum
Batdol Oreum, Min Oreum
Goseong-ri
Jeju City Hall
Daegi High School
Namjo-ro Checkpoint
Jeju National University Hospital
Jeju National University Entrance
Jeju International University
Gyorae Entrance
Jeju Stone Park
Gyorae Intersection
Daecheon Transit Center
Songdang-ri
Susan 1-ri
Sinyang-ri Entrance
111
112
Seongsanpo Harbor
Honinji Entrance
Onpyeong Elementary School
Onpyeong-ri
Seongpanak
Bulgeun Oreum
Seongeup 1-ri Community Service Center
Pyoseon-ri Jeju bank
Sinsan-ri
Nansan Entrance
Samdal Junction
Sinpung-ri Hadong
Sincheon-ri
Pyoseon Elementary School
Harye-ri Entrance
Sumang-ri
Pyoseon-myeon Community Service Center
121
122
Pyoseon Folk Village
Dongwon Industry Co.
Biseokgeori
Uigwi Elementary School
Gama Elementary School
Topyeong Intersection
Songcheongyo Bridge
Namwon-eup Community Service Center
Wimi-ri(Wimi 2-ri Junction)
Sinheung Junction
Pongnang Junction
Namseong Village Entrance
Dongmun Rotary
Seogwipo Soccer Park
Wimi 1-ri Community Service Center
Sinseongdong
Namwon Gymnasium
132
131
600
Gangjeong Nonghyup
Kensington Hotel
Seogeondo
Jeju World Cup Stadium
New Kyoungnam Hotel
Seogwipo Harbor
Seobok Exhibition Hall
Paradise Hotel
Seogwipo KAL Hotel
Main Trunkline Route Map
111 Jeju↔Beonnyeong-ro↔Seongsan
112 Jeju↔Bijarim-ro↔Seongsan
121 Jeju↔Beonnyeong-ro↔Pyoseon
122 Jeju↔Bijarim-ro↔Pyoseon
101 Jeju↔Dongilju-ro↔Seogwipo
102 Jeju↔Seoilju-ro↔Seogwipo
600 Jeju airport↔ Seogwipo KAL Hotel
181 Jeju→5·16-ro→Seogwipo→Pyeonghwa-ro→Jeju
182 Jeju→Pyeonghwa-ro→Seogwipo→5·16-ro→Jeju
151 Jeju↔Pyeonghwa-ro↔Education City↔Daejeong
152 Jeju↔Pyeonghwa-ro↔Hwasun↔Daejeong
131 Jeju↔Beonnyeong-ro↔Namjo-ro↔Namwon
132 Jeju↔Bijarim-ro↔Namjo-ro↔Namwon
810-1 810-2 Eastern District Tourist Area Circulation Bus
820-1 820-2 Western District Tourist Area Circulation Bus

チェジュ気分なスーベニア

ここ数年でデザインのいいお土産がずいぶん増えました。
自分で使っても、誰かにあげてもいいアイテムを厳選！

Goods（グッズ）

「Jeju i.」のオーナーがデザインしているチェジュのパズルシリーズ。ビーチやサーフィン、牛島など数種類あり。₩1万 ➔ P.112 Jeju i.

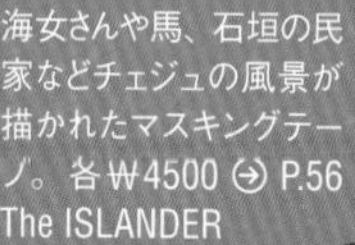

海女さんや馬、石垣の民家などチェジュの風景が描かれたマスキングテープ。各₩4500 ➔ P.56 The ISLANDER

雑貨店「The ISLANDER」のシグネチャーバッグをモチーフにしたマグネット。₩7500 ➔ P.56 The ISLANDER

火山島であるチェジュの玄武岩を使った置き物。40年以上石工芸を制作するイ・チャングンさんの作品。dオリジナル玄武石₩2万2000、トルハルバン₩1万2000 ➔ P.54 D&DEPARTMENT JEJU by ARARIO

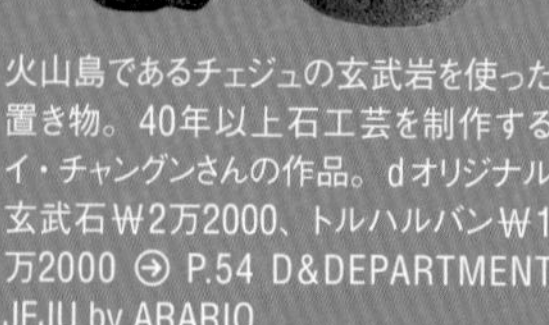

海に潜る海女さんが刺繍されたハンカチ。肌触りのよいガーゼ素材。₩1万 ➔ P.56 The ISLANDER

韓国人にとって国民的なカードゲーム、花札。チェジュの絵柄になっている。₩1万1000 ➔ P.112 Jeju i.

荷物に貼るステッカー。青は方言で「チェジュから送りました」、赤は「取り扱い注意」。各₩2000 ➔ P.56 The ISLANDER

ビューティー

Beauty

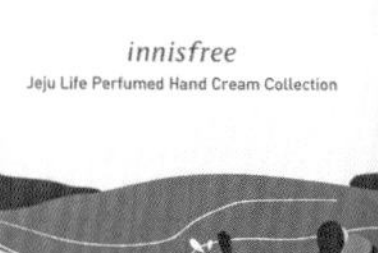

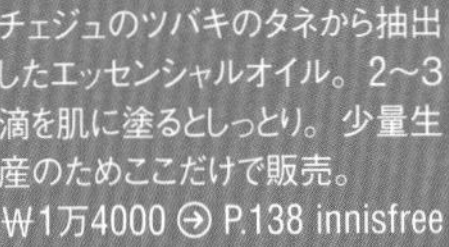

チェジュのツバキのタネから抽出したエッセンシャルオイル。2〜3滴を肌に塗るとしっとり。少量生産のためここだけで販売。₩1万4000 ➔ P.138 innisfree JEJU HOUSE

ほんのり香りをつけたいときにぴったりな、軽いつけ心地のアロマロールオン。チェジュ産カヤの爽やかな香り。₩1万2000 ➔ P.138 innisfree JEJU HOUSE

チェジュの風景が描かれたハンドクリーム。絵柄が異なる4個入りで、バラまき土産用にもおすすめ。店舗限定品。₩1万2000 ➔ P.138 innisfree JEJU HOUSE

オーガニック素材で作られたナチュラル歯磨き粉。「1950」という島内のブランド。グリーンティー₩6000、シーソルト₩7000 ➔ P.112 Jeju i.

緑茶、マヌカハニー、ローズ、ツボクサ、ユズのシートマスク5枚入り。店舗限定品。₩7000 ➔ P.138 innisfree JEJU HOUSE

環境問題に配慮した固形タイプのシャンプー。滞在中に使っても。シャンプーバー&コンディショナーバー。各₩1万3000 ➔ P.112 Jeju i.

植物性100%の洗濯用ソープ。抗菌力の高いティーツリーなどチェジュ産ハーブエキスを使用。₩4300 ➔ P.57 ハンサリム

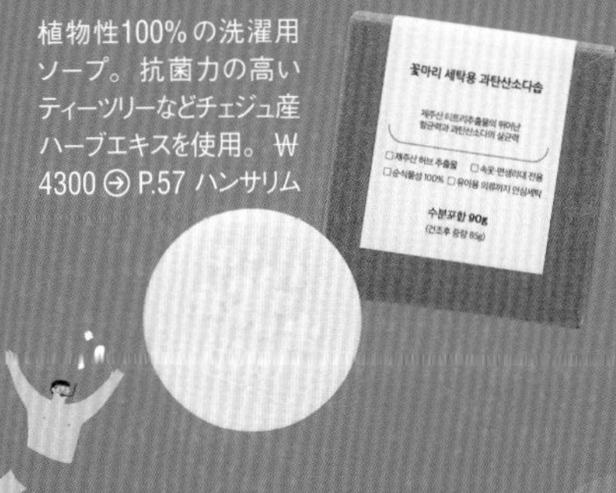

Foods

フード

ティーバッグのお茶は軽くて持ち帰りやすい。チェジュファームフレッシュグリーンティー、チェジュみかんフレーバーティー各₩1万5000 ➔ P.136 o'sulloc tea museum

豚の鼻がトレードマークのチェジュの黒豚ラーメン「ドッメン」。くせがなく日本人も好きな味。₩2500 ➔ P.112 Jeju i.ほか市場などで購入可

左：スライスした玉ネギに加えて、肉と一緒に食べるとさっぱり味になるソース「ヤンパチョリムソース」₩1950　右：チェジュ式のサムギョプサルに欠かせないタレ「チェジュ式メルジョッ」₩2500 ➔ ロッテマートなどスーパーで購入可

チェジュ産材料で作る自然派ペットフードブランド「JEJUPET」。犬・猫用のピューレ状のおやつ。ペットのいる友人へ。₩1万 ➔ P.57 ハンサリム

スタイリッシュな缶ビールはお土産向き。季節でパッケージが変わり、こちらは「始発電車」と描かれたデザイン。₩6000 ➔ P.110 Magpie Brewing

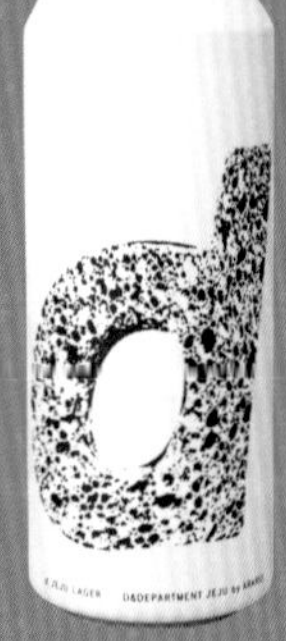

チェジュのクラフトビール「メクパイ」（→P.110）と「D&DEPARTMENT」のコラボで作ったラガー缶。₩8000　➔ P.54 D&DEPARTMENT JEJU by ARARIO

チェジュの畑で採れたお茶。小箱入りでツバキやみかんなど10種近くあるのでお好きな味を。各₩4500 ➔ P.136 o'sulloc tea museum

乾燥みかんにチョコレートをかけたお菓子は、ここ数年の人気土産。さまざまなパッケージで売られている。₩2500 ➔ P.60 東門市場ほかスーパーで購入可

ミニボトルの伝統酒3本セット。みかんの皮を原料としたニモメ酒、オメギ（粟）から作るオメギ酒、オメギ酒を蒸留したコソリ酒。₩2万 ➔ ロッテマートなどスーパーで購入可

揚げた小麦粉にポン菓子をまぶした伝統菓子"クァジュル"。みかんの蜜を使ったチェジュ土産の定番。₩6000 ➔ P.71 ハヒョサルロンほかスーパーで購入可

韓国海苔を混ぜ込んだ丸いおにぎり"チュモクパプ"用のふりかけ。野菜&海鮮味と野菜味で、子どものお弁当にもGOOD。各₩2700 ➔ P.67 ハンサリム

あとがき

本書は2019年4月から企画を始めていましたが、コロナ禍で取材が一時中断となり、実に4年越しで出版できることになりました。

この制作期間中も、チェジュは年々進化を続けていました。特に近年は陸地（チェジュでは韓国本土をこう呼びます）からたくさんの人々が移住して、新しい技術やデザインを持ち寄り、チェジュの文化と融合させて、あちこちで新しいカルチャーが生まれているように感じます。

取材で島内を回っていると、さまざまな人が「チェジュの魅力を日本の人にも、もっと知ってもらいたい」と、昔の懐かしい話から最新のトレンドまで、たくさんのことを教えてくれました。だからこそ、この本はチェジュのみんなで作り上げた1冊だと思っています。ぜひみなさんも、この島へいらしたら現地の人との温かい交流を楽しんでください。

チェジュは、韓国の中でも独自の文化がある島です。コンパクトながらも多くの見どころがあり、どの年代の人も、家族や友達、恋人とでも一人でも楽しめる場所だと思います。初めて韓国を訪れる人はもちろん、韓国本土へ何度も訪れている人も、きっと新しい韓国の魅力に気づくはず。

今回はグルメがメインとなりましたが、チェジュには自然・アクティビティ・アートなどまだまだ語り尽くせない魅力があります。ぜひチェジュでその素晴らしさを体験していただくとともに、またさらなる魅力をお伝えできる日が来ることを願っています。

ここで紹介したお店のアップデートは私が運営している観光情報メディア「PPYONG」でも発信する予定ですので、渡航前にチェックいただけるとお力添えできるかと思います。みなさんと一緒にチェジュの輪を広げていきたく、ぜひSNSでハッシュタグ「#おてがるチェジュ」をつけてチェジュ旅行の思い出を投稿してください。本書の感想も大歓迎です！

最後になりましたが、出版の機会を与えてくださった出版社の方々、多大なるご尽力をいただいた編集の大野麻里さん、チェジュの空気感を切り取って撮影してくれたギュテさん、素敵にデザインしてくださったデザイナーの高田正基さんと栗山早紀さん、そしてチェジュに暮らすという素晴らしい経験をさせてくれ、制作中も惜しまず協力をしてくれた夫・テギュン、この本に関わっていただいたすべての方々に、この場を借りて御礼を申し上げます。本当にありがとうございました。

海地 円香

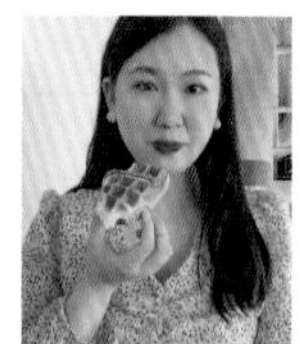

海地円香 | Madoka Umiji |

1993年生まれ、高知県出身。Panakeia Inc. 代表取締役。2017年にチェジュ島へ移住し、チェジュ島の観光情報を発信するメディア「PPYONG(ピョン)」を立ち上げる。趣味はおいしいものを食べること。話題のカフェから超ローカルな食堂まで週に2〜3軒は新しい店の開拓を続け、チェジュ島で訪れた店は500軒以上。済州観光公社や、日本国総領事館での広報PR業務に携わり、チェジュへの理解を深める。現在は、チェジュ島の魅力を日本に発信すべく、マーケティング・広報PR・コンテンツ制作・コーディネーター業務を行う。
https://ppyong-inc.com/

企画・編集　大野麻里
デザイン　高田正基、栗山早紀
（株式会社VALIUM DESIGN MARKET）
撮影　SHIM KYUTAI、落合明人(P154〜157商品)
地図　庄司英雄
校閲　みね工房
協力　済州観光公社
Special thanks　KIM TAEGYUN

現地在住日本人ライターが案内する
おてがる週末リゾート　チェジュ島

第1刷　2023年2月27日

著者　海地円香

発行者　菊地克英
発行　株式会社東京ニュース通信社
〒104-8415 東京都中央区銀座7-16-3
電話 03-6367-8023

発売　株式会社講談社
〒112-8001 東京都文京区音羽2-12-21
電話 03-5395-3606

印刷・製本　株式会社シナノ

ISBN 978-4-06-530908-7